难忘的记忆

庆祝刘曾荣教授70华诞
暨从事科教工作50年纪念文集

田立新 周 进 陈芳跃 杨 凌 刘玉荣等 编著

MEMORABLE
MOMENTS

江苏大学出版社
JIANGSU UNIVERSITY PRESS

镇 江

图书在版编目(CIP)数据

难忘的记忆:庆祝刘曾荣教授70华诞暨从事科教工作50年纪念文集/田立新等编著.—镇江:江苏大学出版社,2012.10
ISBN 978-7-81130-406-0

Ⅰ.①难… Ⅱ.①田… Ⅲ.①高等数学－教学研究－高等学校－文集②刘曾荣－生平事迹 Ⅳ.①013－423②K826.11

中国版本图书馆 CIP 数据核字(2012)第 234599 号

难忘的记忆:庆祝刘曾荣教授70华诞暨从事科教工作50年纪念文集
NANWANG DE JIYI

编　　著/田立新　周　进　陈芳跃　杨　凌　刘玉荣等

责任编辑/顾正彤　张　璐

出版发行/江苏大学出版社

地　　址/江苏省镇江市梦溪园巷30号(邮编:212003)

电　　话/0511-84446464(传真)

网　　址/http://press.ujs.edu.cn

排　　版/镇江文苑制版印刷有限责任公司

印　　刷/江苏凤凰盐城印刷有限公司

经　　销/江苏省新华书店

开　　本/889 mm×1 194 mm　1/16

印　　张/10

字　　数/301 千字

版　　次/2012 年 10 月第 1 版　2012 年 10 月第 1 次印刷

书　　号/ISBN 978-7-81130-406-0

定　　价/88.00 元

如有印装质量问题请与本社营销部联系(电话:0511-84440882)

刘曾荣教授

序　一

　　2012 年正值我们敬爱的导师刘曾荣教授 70 华诞暨从事教育和科学研究事业近 50 年。为了表达我们的敬意和感恩之情，来自全国各地的刘老师的 40 多名学生将于 2012 年 10 月 26 日—28 日在美丽的历史文化名城苏州召开"复杂网络动力学与控制学术研讨会"，并同时举办刘老师 70 华诞庆祝活动。值尊敬的刘老师 70 华诞之时，我们欢聚在老师身边，畅谈师生离情别绪，共祝恩师健康长寿，互勉事业成功腾飞。相信这一美好的时光将永远留在我们的记忆里。

　　我们敬爱的刘老师在人生的旅程上已历经 70 个春秋。他于 1961 年考入华东师范大学物理系，毕业后从事了一段时间的中学教育工作。1978 年，他作为改革开放后我国第一批研究生进入安徽大学数学系。在长期的高校科研工作中，他充分利用在物理和数学两方面的特长，坚持自己的特色，坚持交叉学科的研究方向，在以混沌为代表的非线性科学、复杂系统和复杂网络及系统生物学等领域取得了丰硕的研究成果，得到了国内国际科学界的公认和高度评价。

　　为了更好地做好刘老师 70 华诞庆典活动，总结刘老师的学术思想，展示刘老师的风采，弘扬珍贵的师生情谊，我们特意编辑了《难忘的记忆——庆祝刘曾荣教授 70 华诞暨从事科教工作 50 年纪念文集》》。本书收录了刘老师的简介、他亲自撰写的《钻研精神与交叉研究思想的培育》《初入非线性科学》《探索复杂性》和《复杂网络与系统生物学》4 篇介绍自己学术研究的文章、各项研究成果的获奖证书和学术论文论著的目录；本书还收集了记录刘老师峥嵘岁月的 200 多张各个时期的珍贵照片。本书的另一重要组成部分是由刘老师的 30 多名博士（博士后）和硕士毕业生撰写的回忆纪念文章。在这些文章里，学子们回忆了在刘老师身边求学期间以及毕业后得到恩师关心、爱护、教诲和指导的一个个感人情景，字里行间情深意切。

　　这些难忘的情景必将成为永恒的记忆。

本书编辑委员会
2012 年 8 月

序 二

　　从 1966 年算起,我已经工作了 40 多年。这 40 多年来,我一直从事教育工作。前 10 年,在中学当教师;以后 30 多年,我一直在高等院校工作,且大部分时间是从事研究生培养和科研工作。我这一生迄今的极大部分工作都与科研有关,对科研工作的认识也逐步深入,积累了不少心得和体会。我愿把这 30 多年科研工作的心得体会同大家做一个交流,如果这些心得和体会对同行们有所帮助,我将感到非常高兴。当然,由于个人认识能力有限,如有不当之处,还望大家批评和指正。

　　科学工作者顾名思义是从事"科学问题"研究的人。在我看来,"科学问题"有两重含义。首先,它必须是"问题"。作为问题,它必然有具体的来源,一般来说,这些问题主要来自于人类认识自然和改造自然的活动。其次,作为科学工作者,应当关心的是这些问题的"科学"方面,即这些问题为什么会产生,它们中间有什么内在规律性。我认为这两层含义包含了对"科学问题"研究的实验和理论两个基本方面。一个"科学问题"真正得到承认需要实验和理论两方面相辅相成。当然由于每个人能力和特长不同,因而每个人在研究"科学问题"过程中的侧重点可能不同,有些人偏重实验,有些人偏重理论,这都是允许的。

　　偏重理论研究的科学工作者应当有两个基本素质:一个是发现问题的能力,另一个是用科学方法处理问题的能力。前者要求研究者对问题产生的背景以及对此问题的现状都有深刻了解。在此基础上,研究者才有可能对问题所要解决的目标有一个很清楚的认识。我认为对偏重理论的研究者而言,后一个能力要求研究者首先要对事物发展的基本规律有所了解,也许这方面最主要是物理学上的一些刻画事物发展的基本科学思想,这样能保证思考、解决问题的科学性;同时要求研究者又要掌握解决问题的科学方法,也许这方面最主要的是对数学思维和数学方法的熟悉。

　　这样的研究思路真实地体现了理论工作者在从事交叉研究中应该做什么。在实践工作中,可以看到偏重理论研究的科学工作者往往对问题的来源不十分关心,对问题的提出满足于一知半解,以为只要用高深的工具得到结果就行。事实上,这种做法常常得不到关心问题的学者的认可,因为你得到结果的前提是对问题不现实的理解或者你采用的解决方法对问题是没意义的,本质上也就没有解决问题提出的科学上的要求。

对于这件事，我的认识也在逐步加深。因为自己具有的数学、物理背景，在早期，我倾向于做应用数学工作，但对于是以数学方法为主还是以解决问题为主，自己并不十分清楚，因而当时的工作是两者兼顾。慢慢我发现可能做解决问题的工作更有意思，这样在方向上逐步集中，可在工作中对问题的来源和背景不重视，许多情况是仅在引言中加上几句相关的话。随着科研的深入，懂得在科研上这种做法要想深入是有困难的，创新的研究工作依赖于从做问题到做科学问题的转轨。只有做到这一点，才能把交叉型的研究工作做好。可惜认识到这一点是花了很长时间的，所以我想把它作为经验教训贡献给有志从事理论型交叉研究的朋友，也许这样会有利于他们尽快做好研究工作。

在实践工作中，对偏重理论研究的人而言对于问题来源和背景的了解是一件头疼的事。就我的体会来说，这件事是必须要做的，必须亲自去更多地了解基本情况。但许多细节问题应该通过与同行交流以及联合团队力量解决。即使对基本情况的了解也应当通过上述两种方法，先建立自己应当做的框架，然后有目的地去实现。实际上，我这儿谈的事也说明了在做高质量科研工作中团队的重要性，这个团队不应由相同背景的人组成，最合理的团队人员配置是对相同科学问题有兴趣而有不同背景的人。

在我国从科技大国向科技强国转变的过程中，上述提出的科研思路和团队的组成是极为重要的两点。相信随着时间的流逝，它们的重要性会越来越得到体现。我打算把自己几十年学术生涯的体会尽可能用各种方式表达出来，这本书主要是总体介绍以及团队研究人员的体会，其他问题将在以后陆续展开。

刘曾荣

2012 年 8 月

目　录

峥嵘岁月, 硕果累累

桃李天下，群星璀璨

博士篇

博士后篇

硕士篇

附录

峥嵘岁月，硕果累累

刘曾荣教授简介

刘曾荣教授 1943 年 9 月 1 日(农历八月初二)出生于上海市一个普通职员家庭。

1949 年秋天,年仅 6 岁的他进入上海市教诚小学读书。该校现名为上海市茂名南路第二小学。学校位于茂名南路和复兴中路路口,是一所十分重视育人和知识传授的学校,刘曾荣教授在这里受到了良好的启蒙教育。

小学毕业后,刘曾荣教授考入了上海市向明中学,在那儿度过了 6 年中学时光。向明中学的前身是震旦大学女附中,一直是一所在上海享有盛誉的知名中学。中学阶段,刘曾荣教授在良好风气的熏陶下,在一大批有才气老师的教育下,不仅打下了良好的基础,而且也培养了善于思考问题和勤于自习的良好习惯,这些都为他将来的工作打下了扎实的基础。

中学毕业后,他抱着当一名大学老师的理想,于 1961 年考入华东师范大学物理系接受本科教育。因为按当时高等教育的规划,该校的主要任务是为高等学校培养师资。大学期间,虽然也受到一系列政治运动的影响,但基本上完整地接受了五年制大学的本科课程学习。然而,就在毕业分配的时刻,全国爆发了"文化大革命",按当时有关规定只能留校参加运动,直至 1967 年 10 月开始分配,12 月离开学校到工作岗位。

他的第一个工作岗位是在山西省大同市的大同师范学校任教师,该校后改名为山西省大同一中,位于大同市的西街。刘曾荣教授在大同一中前后工作了近十年,这段时间,学业几乎荒废了。

1978 年,他作为改革开放后的第一批研究生进入安徽大学数学系接受硕士研究生教育。选择这个专业一方面是出于对数学、物理的喜爱,另一方面是想通过考研究生解决夫妻分居问题(当时他爱人在安徽工作)。当时安徽省没有相应物理专业能招收研究生,所以只能考数学专业。想不到这一决定使刘曾荣教授后来走上了从事交叉科学的研究道路。1981 年,刘曾荣教授研究生毕业获理学硕士学位并留校工作,从此开始了长达 30 多年的高校教学和研究工作。

1981 年,他先在安徽大学数学物理研究所工作,主要从事非线性动力学研究。后期由于导师调离,该所实际不存在,于是就回到数学系。1988 年以副教授(待批)身份调入苏州大学数学系,工作的重心是非线性科学研究中心。1993 年破格晋升为教授,1994 年被聘为应用数学专业的博士生导师。1998 年调入上海大学,具体单位为上海大学理学院数学系。到上海大学后,曾在上海大学非线性科学中心做过一些事,随后又参与上海大学系统生物技术研究所的创建和研究工作。

刘曾荣教授现为上海大学国家二级教授,上海大学应用数学专业和信息学与系统生物学专业两个方向的博士生导师,并担任上海大学系统生物技术研究所常务副所长(所长空缺)。同时,还担任《应用数学和力学》杂志的常务编委,*Inter J. Nonlinear Science* 编委,被国家重点实验室——中科院 LMN 开放实验室聘为客座研究员。

刘曾荣教授从1993年起享受国务院政府特殊津贴,2000年获宝钢优秀教师奖。

刘曾荣教授在30余年的高校科研工作中充分利用其在物理和数学两方面的特长,坚持自己的特色,坚持交叉学科的研究方向,取得了丰硕研究成果。研究生毕业后不久,当他得知国际上兴起以混沌为代表的非线性科学研究热潮时,就毅然放弃了在研究生时代所学专业转入这门新兴交叉学科的研究,是国内较早从事这门学科研究的学者之一。自20世纪90年代后期,注意到当时的科学发展趋势,刘曾荣教授又利用原有研究基础,不失时机开始逐步转入到复杂系统和复杂网络的研究。近几年来,根据国际发展的趋势,开展了对复杂系统的典型代表——生物系统的研究,倡导系统生物学研究,并且已经开始取得成果。

具体来说,刘曾荣教授先后从事混沌的解析判据、奇怪吸引子几何结构、脑电波的非线性动力学分析、无穷维动力系统、可积系统的精确解、混沌同步和控制等方面研究。在混沌判据方面,刘曾荣教授开创性地提出了高阶Melnikov函数理论,证明了一类平面映射的奇怪吸引子的结构是鞍点不稳定流形闭包,该理论与实验结果相吻合。与徐京华教授一起用非线性动力学方法分析脑电波,提出了一些用复杂性来定性和定量的刻画方法,所得结果受到国际同行的肯定。在无穷维动力系统理论方面提出了GAIM概念,并建立了一套依据GAIM给出约化系统的具体方法,并把这些结果用到典型系统上去,得到了与数值相符合的结果,这说明该方法是有效的。对一大类可积系统提出了一套由定态解出发求更高层次解的精确解方法,由于这个方法出发点是定态解有初始空间结构,因而所得新解更有意义。对于混沌控制,刘曾荣教授提出了控制嵌入在混沌中有不含有稳定流形的周期点方法。对这类系统的开创性研究工作,在国际上得到很好响应。刘曾荣教授较早提出的讨论各类网络的周期响应以及复杂网络的聚类同步理论,得到了国际上较为广泛的认同。近年来,他的工作开始涉及系统生物学方面研究,主要从事生物网络构建、干细胞发育的系统生物学、有关肿瘤机制和MicroRNA调控工作,其中生物网络的构建已经得到了国际上很好的评价。

到目前为止,刘曾荣教授已经发表各类学术论文300余篇,其中在国外杂志发表的论文超过100篇,包括如下国际杂志：*Phys. Rev. Lett.*, *Phys. Rev. E*, *Commun. Math. Phys*, *Physica D*, *Physica A*, *Nonlinearity*, *Chaos*, *EPL*, *Phys. Lett. A*, *J. Phys. Soc. Japan*, *J. Phys. D：Appl. Phys*, *J. Phys. A：Math. Thero.*, *Proc. Amer. Soc. Math.*, *Nonlinear Analysis*, *J. Sound and Vibration*, *Nonlinear Dynamics*, *Inter. J. Bifurcation and Chaos*, *Chaos, Solitons and Fractals*, *Asian J. Control*, *IEICE Trans*, *DCDIS B*, *Plos One*, *Neural Network*, *IET Systems Biology*, *Neurocomputing*, *Mathematical Bioscience*。在国内许多重要的综合性杂志(《中国科学》、《科学通报》)以及数学、物理和力学的相关杂志都发表过学术论文。此外,还出版了专业著作5本。SCI他引次数有600次,单篇最高他引达112多次,部分工作获得了高度的国际评价。

刘曾荣教授曾经参与国家攀登计划——非线性科学的研究,先后主持1项国家自然科学基金重点项目和多项国家自然科学基金面上项目。

刘曾荣教授曾获江苏省科技进步一等奖1次,上海市科技进步二等奖1次,上海市自然科学二等奖1次,教育部自然科学二等奖1次,上海自然科学三等奖1次。

在从事科研工作的同时,刘曾荣教授还致力于人才的培养。先后培养毕业的博士生24名、硕士生10多名,这些学生中的大多数(硕士生毕业后经过进一步深造者)都活跃在国内外科研舞台上,其中留在国内工作的学生不少都已成为各单位骨干力量。

钻研精神与交叉研究思想的培育

我在教师岗位上已经工作了45年,前10年是在中学工作,后35年在高校工作。在高校35年的科研和研究生培养工作中,我一直贯穿了一条从事交叉性研究的基本思路。事实上,这种思想与我青少年时代所受教育有密切关系。我受的教育告诉我,在研究工作中最重要的是有探索自然界新现象的强烈愿望,此外要相信这些现象背后必定有其合理的科学解释,做理论研究工作的人就是要设法用尽可能严格的逻辑方式来给出这种科学解释。

我是在上海市教诚小学(现上海市茂名南路第二小学)接受的小学教育。我的小学生活既享受了童年应有的快乐,同时也接受了启蒙教育。在我的记忆中,上小学时,每周要写一张大楷,我一直不十分用心,也就写得不好,但老师一直鼓励我做事要有恒心和信心。经过几年不懈努力,我的这项作业成绩有了很大提高,还得到了老师的表扬。现在回想起来,获得成功时的快乐是我一辈子也不会忘记的。这件事使我体会到依靠毅力去坚持做一件事是完全可以做好的。这是我在小学阶段深受教育的一件事,它对我一生的工作都有很大影响。

1955年小学毕业后,我考上了上海市向明中学,这所学校是上海市重点中学,优秀的师资和良好的设备使我在初中三年得到极好的科学启蒙教育,激发了我对科学的兴趣。记得在上平面几何时,我为老师严格的逻辑推理和一个问题的多种解法的构思所折服,这种思维方式对我产生了极大影响。我也开始几乎疯狂地收集在当时条件下可能收集到的一切平面几何题目,运用老师教给我们的思维方法、逻辑方法寻找各种解法。应该讲,这门课程的学习开启了我对科学的兴趣,寻找未知的答案是一件愉快的事,而未知答案的求得需要严密的逻辑推理。随着这种欲望的上升,为了寻找各种有趣的问题,从初三开始我就跨进了原上海市人民图书馆的大厅,走上自学探索的道路。当时,要求文化水平达到初三以上的市民才能进上海市人民图书馆阅读,我刚到资格就跨进了大门,从此养成了良好的阅读习惯,并在中学四年中一直加以坚持。

可以说是否读高中是我人生的最重大的抉择。初中毕业后,由于父亲的问题,家庭经济失去了支柱,我面临上中专还是高中的选择。从家里的实际情况考虑,我应当放弃上高中尽早工作以减轻母亲的压力。可初中三年的经历又使得我非常想进一步去学习,获得探求未知世界的机会。在这个关键时刻,母亲给了我终生难忘的支持。她不顾自己将受到的压力,支持我继续上高中。这件事对我一辈子的影响是不可磨灭的,我发誓要好好抓住这个学习机会,要对得起经受磨难的母亲,在这种情况下考入了向明中学继续读高中。哪知道刚进校,"拔白旗"的运动又多少牵涉到我。接连两次打击,使我想得很多,在要对得起母亲大爱和追求自己爱好两大信念支撑下,我感到要承受住磨难,于是我似乎变了一个人。在高中的三年,每天白天上学,认真听讲,把老师讲的内容当堂消化。学校下午3时30分放学,我就赶快回家,帮助母亲做手工活,挣得一些生活费,尽可能减轻母亲的负担。晚上我几乎雷打不动地到上海市人民图书馆看书。由于无人指导,我只能根据自己的兴趣看各种各样的科普小册子。当时最吸引人的各种成果,比如人造卫星、原子弹、裂变反应、聚合反应等等,我都一一找来看了。坚持阅读的习惯使我逐步找到了通过自学来获取新知识的方法。当然,作为一名中学生,数学知识有限,因而阅读还停留在获取新知识和对未知事情现象的粗浅解释上,不能运用严密的逻辑推理进行科学分析。通过高中三年的磨炼,我更深切地体会到小学时认识到的"人可以学会和做好有意义的事"这句话背后更深刻的含义,我相信磨炼更会有益于人的成长,在磨炼中的坚持对人生太有意义了。同时,一方面随着不断的自学,我知道的科学的东西越来越多,思维越来越开阔,认识到世界上存在许许多多有趣的现象,这些现象都有其存在的合理性,即都是有科学道理的,去探索它是一件非常有意思的事;另一方面由于我在初中阶段养成的喜欢严格逻辑推导的习惯,因而对于高级科普中的解释总还感到不满足,总想知道得更多一些,但是这在当时是我没有能力解决的难题。

　　高中毕业后,应该说我能以第二志愿被华东师范大学物理系录取是很幸运的。因为华东师范大学当时是教育部直属高等学校,招生时学校表示该校是为高等院校培养师资的;而我由于父亲的问题,应该是属于出身不好的一类。所以我仍以高中时的心态来完成大学学业,希望将来有机会报答母亲。进大学后,很快发现完成正常课业对于我来说并不是一件吃力的事,所以我延续了中学的学习习惯,利用大学丰富的图书资源,开展了自学。由于已经选择了物理系,所以无论在正常学习和课外的自学上,我更多看数学与物理方面的各种资料。在这过程中我惊奇地发现,我在高中时留下的疑问居然能够得到解决,利用现代数学方法可以对各种事物规律做出符合逻辑性的解释,我想这应当是一种合理的处理新现象的方法。随着知识面的扩大,这种探索自然现象的思维越来越得到自我的认同。但同时也发现,有些问题好像还是不能用我当时所了解的数学知识进行逻辑推理。带着这些问题我曾请教过一些老教授,他们给我的答复是,数学本身要根据物理的发展而得到发展,不应孤立看待数学和自然科学。但我当时对这些看法的认识还是似懂非懂。

　　"文化大革命"中,我被分配到大同市的中学工作。由于我所受的教育的影响,我总认为将来还有机会去从事探索新现象的工作,也想进一步解决以前留下的似懂非懂的问题,于是我就把在大学期间所有的笔记、课本、作业本以及自学中所记录的心得本都带到大同。当时大同没有高等院校,我只能依据自己所带资料以及每年回沪探亲时从其他地方搞到的一些零碎资料进行一些思考,比较多的是思考数学和自然科学的关系。通过对微积分、常微分方程与力学关系,广义函数、偏微分方程与电动力学关系等方面的思考,我逐渐加深了对两者关系的理解。我明白要想揭示自然科学中的新现象必须要用现代数学方法,同时我们在解释新现象时也要注意从本质出发建立新的数学方法。

　　1978年恢复研究生招生后,我报考了安徽大学数学系研究生。做出这个决定的原因一方面是因为我爱人在安徽工作,这是解决夫妻分居的有效途径;另一方面,我发现只有这所学校的数学系研究生招生考的是数学与物理两门,专业课程是数学物理方法,这是与我认识到的用数学逻辑的严格方式研究自然界现象的想法是一致的。读研究生时,我不像别的数学专业研究生那样比较喜欢钻研一些数学难题,而是把更多的时间用在学习各种自然科学现象的基本规律和各种数学方法基本构思上。利用合肥离中国科技大学比较近的有利条件,只要没有课,我几乎每天都去中科大旁听许多课程和各种科学进展讲座。我越来越感到用数学的逻辑和理论来解决各种无法解释的自然现象是我的爱好也是我的强项。在研究生三年级时,我去了中科院力学所,听取由美国专家讲解的用数学逻辑解决力学现象的课程并进行这方面的研究实践,结果证明我在当时参与学习者中是优秀的,这样就进一步确立了我从事研究的思路。在广义上看,这种思路就是交叉性的科学研究方法。在这里,我特别要强调的是导师许政范教授对我的教育和培养,许老师本身从事偏微分方程的研究,但他能做到因人施教,发现了我的特长后,他始终积极地支持并创造条件让我更好地发挥特长,所以,我的研究特色的形成凝结了导师的心血。

　　总体来说,我在受教育阶段得到的培养对我后35年的大学科研工作有很大影响,主要有如下几条:(1)逆境磨炼了我的意志,亲情给了我力量,养成了一定要做好自己想做的事的事业心;(2)从小养成的自学习惯,为我追求对新事物的理解和钻研问题创造了最佳的途径;(3)明确了用科学逻辑来解决自然科学的新现象应该是我最合适的研究方法。

初入非线性科学

攻读硕士学位期间,我的研究方向是奇异摄动方法。这是一种典型的应用数学方法,这个方法主要起源于大量的力学问题。在20世纪三四十年代开始得到重视,发展到五六十年代已经构成它的理论和方法的基本框架。我国力学界的前辈,比如钱伟长教授、郭永怀教授都在这方面做出了杰出贡献。此后,这种应用数学的方法和思想在各个自然科学和工程领域都得到广泛应用。我在研究生涯的初期,在奇异摄动的应用方面做过一些工作。当时我可以按照这样的思路在这个研究方向继续我的工作,可由于我的性格决定了我在研究工作中喜爱追求新的、具有探索性的研究方向,因而对于长久从事奇异摄动这类相对成熟的方向总有些不甘心。

中国科技大学和安徽大学在同一城市。中国科技大学是我国一所著名大学,在改革开放初期曾邀请了一些海内外著名大学的学者来华讲学,我就利用这个机会,通过听各种学术报告来寻找新的、能吸引我兴趣的发展方向。记得在1982年,中国科技大学力学系邀请了美国布朗大学应用数学系谢定裕教授来华讲学,从他的报告中我首次知道了"混沌"这个名词。谢教授对混沌的介绍一下子吸引了我。事后,我查了一些文献,得到了如下认识:(1)国际上可追踪的最早有关混沌的论文发表于1963年,真正得到发展是20世纪70年代后期,因而,混沌是当时国际上掀起的一个新的研究热点;(2)从文献中看到混沌的轨道在相空间绕来绕去的,初看非常复杂,与我原来认识的自然界的运动规律是不同的。虽然当时我对这种运动规律产生的机制一窍不通,但它显然是一种全新的、尚未被认识的反映自然规律的现象。进一步了解以后,我发现如果要从事这个新方向的研究,数学上必须要有微分方程和动力系统知识,当时我仅有一些微分方程知识,而在动力系统方面的理论几乎是空白。在这种情况下,接受新方向的挑战还是安于从事奇异摄动方法研究是摆在我面前的重大挑战。经过反复思考,我的性格又决定了我的选择,最终决定基本放弃对奇异摄动方法研究,转入混沌的研究。

我立即采取了如下措施:(1)设法复印当时刚传入国内的P. Holmes关于混沌的经典著作,围绕这本著作结合微分方程与动力系统的教材开展了重新学习;(2)大力收集有关混沌的文献资料,有计划、有步骤地阅读。在这一段时间中,我几乎放弃了一切娱乐活动,每天几乎工作到深夜,最终在完全自学的基础上,通过两年左右的努力,了解了混沌的科学含义,掌握了从事研究的一些方法。然后,我与师兄弟李继彬和林常集中在昆明,集体讨论找出一些可做的题目,共同努力完成了这些工作。从20世纪80年代中期开始,我们就陆续发表了一些工作,这些工作在国内是属于比较早的。

在以后10年时间内,我就一直从事以混沌为代表的非线性科学工作。曾经在混沌的微扰判据、奇怪吸引子的几何结构、无穷维系统的惯性流形以及应用、超导中Josephson结的分析中都做出一些好的结果。在混沌的微扰判据方面提出了高阶Melnikov方法,改进原方法,使其能处理更多问题;同时应用

Melnikov 方法处理一些典型力学系统的复杂行为,最后写出了这方面的专著。在奇怪吸引子的几何结构方面,通过对几个经典产生混沌映射的数值与解析研究(其中包括了 Henon 映射、Lozi 映射和 Lauwerier 映射),提出了反映混沌的奇怪吸引子是无穷多个双曲不动点或周期点的不稳定流形闭包的观点。在无穷维系统的惯性流形方面,除了研究了一些典型系统的惯性流形的存在性和有关性质外,提出了一种可在实际应用中计算系统近似惯性流形的方法,这样就可用无穷维动力系统的行为分析,我们用 Sine-Gordon 方程的结果,说明方法的可靠性和可操作性。在 Josephson 结的工作中,利用 Melnikov 方法和动力系统理论分析了 Josephson 结的 I-V 特性曲线上的各种物理性质,得到了与实验相符合的结果,这些结果在《物理学报》上一发表,从事超导研究的中国科技大学的吴杭生院士就来找我,要我给他的博士介绍有关工作。

这段研究工作期间,给我留下最深刻的印象的是老一辈科学工作者是如何扶植和支持年青一代工作的。当时,我还是一个初出茅庐的年青学者,研究工作也刚起步。就是在这种情况下,1985 年,在桂林召开的首次全国有关混沌的学术会议上,在老一辈科学家的支持下,我被安排做了大会报告,这对一个初次进入学术界的青年学者是非常大的鼓舞,也极大地激发了我的研究积极性。在以后几年的工作中,中国科学院理论物理所郝柏林院士曾邀请我到北京理论物理研究所访问,并积极支持我开展研究;北京大学数学系钱敏教授邀请我到北大做报告,并指导我把 Melnikov 理论用于超导 Josephson 结的研究中。尤其要提到的是力学界对我的支持,北京大学力学系朱照宣教授是我国力学界从事非线性研究的代表人物,在我从事非线性研究的整个工作期间给了我许多指导性的意见,并指导我从事奇怪吸引子几何结构的研究和力学系统混沌性质的研究。科学院力学所根据非线性科学的发展,决定组建非线性连续介质力学国家开放重点实验室,从开始筹备他们就邀我参加,正式成立后,我被聘为客座研究员。在参与实验室工作期间,程哲敏院士、白以龙院士、李家春院士对我始终给予了经费上的支持和工作上的鼓励。老一辈科学家对我的帮助不仅使我很快进入非线性科学研究这个全新领域,而且让我懂得了如何做人。

1988 年,我离开安徽大学调入了苏州大学。刚到苏州大学,我就向姜礼尚校长提出了成立非线性研究中心的建议。后来,苏州大学正式成立了非线性研究中心,这样就为我们建立了一个很好的活动平台。利用这个平台,我们积极地工作,这一段时间是我从事非线性科学研究的黄金时代。随着形势发展,1992 年—1993 年国家启动了攀登计划"非线性科学"科研项目(973 项目的前身),参与者都是来自国家著名高校和科学院系统的学者(据回忆,有中国科学院力学所、理论物理所、物理所、北京应用物理与计算数学研究所、北京大学、中国科技大学、复旦大学、南京大学、北京师范大学、北京航空航天大学)。经过大家共同的努力,苏州大学有幸成为唯一参加这个项目的来自地方大学的代表,我也有幸地加入了这项国家攻关项目。另一个值得高兴的事是在姜礼尚校长的领导下,利用非线性科学研究中心的平台并坚持这个领域持续研究,苏州大学培养了不少有志于在数学上从事非线性动力学理论研究的人材。他们一直坚持从事这项研究工作,使得动力系统理论已经成为苏州大学数学科学学院最有特色的研究方向之一。

非线性科学阶段的研究工作是我科研工作的起步。这个阶段的工作使我体会到寻找新的未知领域是我从事科研工作的灵魂,开展交叉方式的研究是我的特长。除了上述收获外,在与老一辈科学家的相处中,我也学到了许多宝贵的、在书本上学不到的东西。

探索复杂性

数学模型中,非线性出现的根源在于所研究对象之间的相互作用。如果所研究对象的变量的个数可以是很少的话,那么所涉及的数学模型是低维的。在非线性科学的研究中,科学家发现低维数学模型中的非线性可以导致混沌出现。考虑到自然界大量存在的实际问题中所研究对象都由大量基本单元组成,这些单元之间又有相互作用,因而对这样系统所建的数学模型都是高维的,甚至可以抽象为无穷维。这样,从事非线性科学研究的工作者自然要问这种由相互作用大量基本单元所导致的高维非线性模型的行为是否也只限于研究混沌就够了,换句话,科学家们要问在高维的非线性数学模型中会不会出现新的动力学行为。

我同样也有此好奇心,在研究低维的非线性系统中混沌现象的中后期也自然开始关心高维非线性数学模型的研究动向,也开始做自己力所能及的工作。由于我的长处是做理论分析,所以在工作一开始就关心无穷维动力系统理论,从惯性流形入手探讨研究无穷维非线性系统的数学方法。我知道,如混沌是从数值研究有关大气问题中发现的那样,新的结果也将依赖于计算机计算上的发现,但我的计算机能力不够,只能时刻关心这个方向上的进展。1984 年,Winfree 首先在 *CMP* 上发表一篇文章,他构造了一种高维的 CA 模型,这是一种时间离散、空间离散和状态离散的模型。数值研究表明这种模型的动态过程,除定态、周期和混沌外,还存在一类没有被认识的第四类动力学行为,作者称此为复杂行为。从模拟的时空图来看,这种行为表现出某种与生物中再生现象相类似的过程。接着在 20 世纪 80 年代末,以 Kaneka 为首的一些学者,用数值方法研究了另一类高维模型 CML(时间离散、空间离散和状态连续的模型),也证明了类似的第四类行为的存在。这些结果使得大家基本上认同在高维非线性系统中还存在较为复杂且尚未被认识的行为。在惯性思维的作用下,由混沌研究的结果,人们自然地想到能否也给出刻画这种行为的特征量,当时国际上就把这个量称为复杂性(Complexity)。从 20 世纪 80 年代末到 90 年代初,国际上各种重要杂志都有关于这个量的文章。当时我也有类似想法,并卷入了这种研究潮流中。我同原中国生物物理学会理事长、中国科学院上海生化所的徐京华教授合作研究脑电,我们相信人脑活动过程应该是属于复杂行为的类型,因而通过脑电的分析和研究应该可以对复杂性有更深刻的了解。为此,我们提出了两种描述 EEG 复杂性的度量,结果发表于 *Physica D*,此工作受到了国际上的关注。

在进行复杂性研究的同时,我也阅读了已发表的有关复杂性方面的各种文章,因为我想通过各种复杂性的度量来了解这类复杂行为的机制到底是什么。我的结论是这类复杂性特征度量都稍有些意义,但同描述混沌的特征量(Lyapunov 特征指数、分数维和拓扑熵)比较起来,它们似乎离揭开问题本质还有很大的距离,如此多复杂性的度量还是不能使我对其行为的基本科学特征给出较完整的描述。在这种情况下,我对自己直接进行复杂性研究的时机是否成熟产生了怀疑,我想可能是我对问题的背景还是了解不够。

这时,我感到有必要就问题的起因重新做一些分析。在读研究生时,我就看过普利高津的耗散结构理论、哈肯的协同论以及汤姆的突变论，当时把这三论称为新三论。在我的记忆中，是普利高津的有关工作中提到了科学研究由"简单性"进入"复杂性"，也就是说复杂性的起源想法与新三论有关。于是我开始重温新三论的有关内容。我总结出普利高津和哈肯理论所研究系统要求如下特点：（1）开放性，这就与经典热力学研究的封闭系统不同；（2）系统由大量基本单元组成；（3）这些基本单元存在相互作用；（4）这些相互作用使得大量基本单元最终一起协同运动。在研究复杂性的同时我又注意到，国际上由一批著名科学家（以 3 个诺贝尔奖得主为首）成立的复杂性研究所——Santa Fe 研究所，他们在研究中并不以复杂性概念为主，相反的，是从一些具有上述 4 个基本特征的具体系统的行为出发，总结出一些重要的、可以描述这类系统行为特征的专用名词：混沌边缘、涌现和自适应性。把这些东西结合起来，我想复杂性应当是比较长远的目标。为了实现这个目标，近期内应该尽可能加深对具有上述 4 个特征系统所发现的性质的了解（在这儿我把这类系统称为复杂系统），即了解混沌边缘和涌现等名词的动力学机制，所以我很快转入到新的问题的研究中，希望能最终为复杂性的研究创造好条件。

首先我们讨论开放的含义，也就是系统受环境影响。这类影响可以通过增加与系统变量无关的项加以研究，把所加项看成环境变化，改变所加量就意味着环境变化。典型的实例是 Hopfield 神经网络，关于 Hopfield 神经网络的定态研究表明，外加不同的常数项，可以通过调整 Hopfield 神经网络中的参数来识别。我们把这个工作推广到外加项为周期变化，反映环境为周期变化的情况，证实可以实现的结果，工作结果发表于 *Neural Networks*。这样，我就进一步认识到系统开放性可以导致复杂系统有自适应性，这种自适应性起码可以通过系统参数的调整来实现。是否还有其他途径实现自适性，目前还不能明确判断，但我相信是有的。

Santa Fe 研究所研究表明出现了混沌边缘，这个概念可能与普利高津提出的无序向有序转化有关。按我理解，这个转化可以由混沌控制来实现。混沌控制结果表明，在混沌系统中，参数的微小变化可导致系统由无序混沌态向有序态转化。由于混沌态的特殊结构，这种向有序态的转化是可以多种多样的。另外，还要指出在混沌控制中，参数的微调是由系统自适性的特征通过环境变化来实现的。由此可见，混沌控制机理对于混沌边缘和无序向有序的多样性转化的理解是很重要的。为此，我们在混沌控制的研究中，提出了全新的混沌直线控制原理，用我们的方法就可以排除 OGY 方法对于双曲不动点和周期点存在稳定流形的这一条件的要求，使得这类系统实现从无序到有序的转化更与实践吻合。我们这一重要工作结果发表于 *Phys. Rev. Lett*，这是一项开创性的工作。

复杂系统的协同结果就可能实现 $1+1>2$ 的涌现现象，这个现象被认为是复杂系统的共性。从动力学机制来看，这种现象是由同步协调机制来实现的。正是由于涌现后所表现的多样性，我们相信同步也应具有多样性，果然，实验中很快发现了各种同步行为。进一步分析使我确信，完全同步是最特殊的一种同步，它表现为系统出现相对平凡的行为。因而，为了研究各种复杂行为，必然要研究各种复杂的同步行为。所以我们的研究主要集中在非完全同步上，我们给出网络上产生聚类同步的条件和可能性，据我们所知这是研究聚类同步最早的理论工作，结果发表于 *Chaos* 杂志上。我们也研究了在一类模型中，滞后同步与波的关系，结果表明波与滞后同步有关，工作结果发表于 *Physica A* 上。这些结果表现 pattern 形成与各种同步有很大关系，为说明 $1+1>2$ 的涌现出现作出了一些贡献。

这一阶段工作与上一阶段以及下一阶段工作交叉在一起。与非线性科学混沌研究相类似，工作的起源也是由于一些新的现象出现吸引了我。所不同的是混沌研究中用数学方法来解决物理和力学中出现的新现象，可以借用原有一些方法和概念加以发展，用来很好地刻画混沌这类新现象。而现在的研究中似乎没有现成的办法可以借用来刻画新发现的现象。为此我改变策略，从如何从动力学角度来理解对这类新现象的一些基本描述入手，通过阅读文献和自己的工作来加深理解，为进一步深化工作打下基础。通过这一阶段的工作，我又补充了必要的控制论和信息科学的知识，扩大了知识面，使我从一个从事用数学方法来解决物理和力学中出现的新现象的交叉科学研究的工作者变成一个可以从事更广泛领域交叉研究的工作者。

复杂网络与系统生物学

经过一段时间对复杂性的探索,我对在讨论复杂系统中出现复杂行为的一些特征的动力学机制有了一定理解,这样就为我考虑如何从擅长的动力学角度入手来讨论这个全新现象打下了基础。

按照理论研究一个新现象的一般规律,首先选定研究对象,然后用合理方法对所研究对象进行建模,有了正确的模型后就可以进行理论分析。现在,我们首先碰到的问题是选择什么对象以及如何正确建模。从 Santa Fe 研究所对复杂系统已经进行的工作来看,选取的研究对象是生命系统以及社会经济系统,建模形式还是停留在数值模型上。我想这两类系统应该是选取的对象,但建模形式应当有利理论分析。不久,Science 杂志就复杂性与复杂系统的研究问题出了专辑,它的主要观点也是主张在目前阶段应该把主要精力放在具体复杂系统的特性研究上,似乎不应把过多精力放在复杂性的概念上。而且我们发现该专辑的极大部分工作都与生物系统有关。事实上,生物系统与社会系统相比较,前者可以进行实验,使得研究结果可以加以验证,这种可以用实验验证的思想方式似乎更加符合我的研究思路。由此得出结论,应该把生命系统作为我进行深入研究的首选。

确定以生命系统为研究对象后,我还面临另一个选择,即继续从事与大脑有关的研究(上文提及我曾从事过一段时间这方面的研究),还是选择其他生命系统进行研究。通过对大脑研究的自我总结,我发现没有找到通过从事与脑的研究来探索与认知有关的问题的合适途径,换句话说,我尚缺乏能力做这件事。同时,我发现选择分子生物学作为研究对象使得理论工作开展探索有了合理的基础,这个领域也具有丰富的实验数据,这些似乎更接近于我的兴趣,也是我能力可以达到的,所以我决定放弃大脑研究,开展与分子生物学有关的研究生命系统动态过程的理论工作。

研究对象确定后,我做了两件事。第一件事就是我自己面临了一次重新学习的挑战。我必须通过学习掌握从事此研究的基础知识,对此我全力以赴接受挑战。于是,我买了不少生物书,利用到香港城市大学陈关荣教授处工作的机会,在接近 60 岁时,集中时间又开始了新的征途。我大约花了一年多时间理清了生物学的基本思路,懂得搞理论的人最重要的是如何把理论结果与生物功能相结合。第二件事是我认为这类研究需要合作,要有一支队伍,根据我对钱伟长校长教育科研思想的理解,我相信他是会支持这件事的。于是,我打报告给钱伟长校长,谈了我的想法,希望能在上海大学开展这方面的工作。钱校长非常重视我的建议,亲自写了批语,这大大鼓舞了我的信心。为此,我进行了调研,发现当时社会上在理论上从事生物研究的人比较欣赏生物信息学,我个人却认为生物信息学是处理静态的问题,而生命现象是一个动态过程,如果能从动态入手更好。2004 年—2005 年,系统生物学这个名字重新在各种场合出现了,我感觉到以动态入手的时机已经来了。事实上,国际权威报告中指出系统生物学是把生物系统理解为 multiscale dynamic complex system,从这个命题也可见以系统生物学方式开展研究既是研究生命现象的新思路和新方法,也可能是解决复杂系统以及复杂性的切入点。这些都与我当初的想法一致。根据这种思维,我与生命科学学院文铁桥教授、计算机学院张武教授一起在上海大学呼吁成立研究系统生物学的研究机构。这种呼吁最后得到了以钱伟长校长、周哲玮常务副校长为首的校领导的全力支持。相应的研究所的成立,是我一生科研工作中得到的最有力的支持。这两件事办完后,我就具备了从事新研究所需的主客观条件。

接下来我要解决在工作中如何建模的问题,因为我认为这是进行理论工作关键的第一步。我的一个看法是复杂系统产生复杂行为的动力学原因是既有确定性成分又有随机性成分,而经典建模方式都是采用或为确定性方式或为随机性方式,不能综合考虑两种因素的作用,所以我认为经典建模方式都不适合对复杂系统建模。20世纪末,出现了复杂网络的概念,经过认真的思考,我明白了复杂网络的出现给复杂系统的建模提供了一个强有力的工具。这个模型从本质上来说,表明了确定性和随机性的共存。这样,按照我的研究思路在系统生物学的研究中首先要用复杂网络的理论开展对生命系统的建模工作。当然最合适的方式是数据和理论相结合的研究,但是由于我长期从事理论工作,对数据处理不熟悉,所以作为第一步,我是从进化论的理论观点出发构建了蛋白质网络,结果表明所得到网络具有已经实测得到证实的所有统计性质。该工作结果发表于 *Chaos* 2010 年出版的系统生物学专辑中,是该专辑中唯一由中国人所写的论文,工作得到了国际非线性动力学界的很好评价。从长远的角度来看,这只是跨出很小的一步。希望最终能把理论和实际结合起来,提出一些有效的构建生物网络的方法。这样,也能为研究复杂性起到一些作用。

生物系统的复杂网络建模仅仅是反映系统研究模型的拓扑结构,并没有解决如何实现构建在这个模型基础上的动态过程,为此必须做进一步动态研究。为此,我也没有忘了网络动力学的研究。在这种研究中,我注意到两条,一条是所依据的网络模型要尽可能可靠;另一条是所得动力学结论要能用来解释生物功能。我们注意到近年来发现 microRNA 对生命过程是起作用的,而原来比较成熟的生物网络中没有反映这一部分作用(因为不久前认为 microRNA 对生命过程没有作用)。于是,我们就根据在相关生命过程中出现的 microRNA 生物功能的实验报道,修正原有反映该生命过程的网络,把 microRNA 的作用包含到该网络中。然后,对新构的网络进行动力学分析,把分析结果用来解释实验现象所体现的生物功能。这方面的工作也已经在几个方面取得了很好成果。在这儿我想做点预测,如何在复杂网络模型上构建正确的反映既有确定性又有随机性的动态过程,可能是理论工作者面临的重大理论挑战。

这几年来,我除了做自己的科研工作外,还花了大量精力在研究所的建设上。我相信,系统生物学是一门很有前途的全新型的交叉学科。这门学科的建设不仅将极大地推动生物学研究,而且也给复杂性理论的科学工作指出正确的方向。在我即将退出研究岗位,在明知目前所做一切不会给我带来多少利益的情况下,我仍全力以赴地做,原因就在于这项工作所代表的方向是在新的历史条件下的全新的交叉研究方向,这种研究方式是我毕生研究所追求的方式。

我非常感激上海大学以钱伟长校长和周哲玮常务副校长为首的校领导给我机会从事这项工作,时间虽然不长,但将永远给我留下美好的记忆。我也可以很自豪地说,上海大学系统生物技术研究所这几年取得了很大进步,这个成绩可以让我安心地告慰钱伟长老校长了。同时,为报答上海大学领导的信任,在余下的工作日子里,我会尽力把该做的事做好。希望我退休之后,此项工作能不断地发展,为上海大学的发展贡献一份力量。

刘曾荣教授学术论著、论文及承担的科研项目名录

（截至 2012 年 5 月）

一、学术论著

（一）论著

刘曾荣，王瑞琦，杨凌，赵兴明：《生物分子网络的构建和分析》，科学出版社，2012 年。

刘曾荣，文铁桥，姚晓东：《脑与非线性动力学》，科学出版社，2006 年。

刘曾荣：《混沌研究中的解析方法》，上海大学出版社，2002 年。

刘曾荣：《两维平面映射的奇怪吸引子》，苏州大学出版社，1996 年。

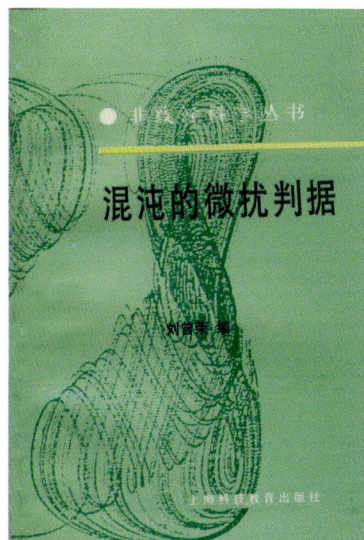

刘曾荣：《混沌的微扰判据》，上海科技教育出版社，1994 年。

（二）著作中的专门章节

1. 《网络结构和动力学》,张伟,胡海岩主编,《非线性动力学理论与应用的新进展》,科学出版社,2009 年,第 429 – 466 页。

2. 《大脑活动的动力学问题》,李喜先主编,《21 世纪 100 个交叉科学难题》,科学出版社,2005 年,第 605 – 612 页。

3. 《混沌研究中的 Melnikov 方法》,郭仲衡主编,《近代数学与力学》,北京大学出版社,1988 年。

二、学术论文

（一）期刊论文

◇ 2012 年 ◇

1. Fang Yan, Haihong Liu, Junjun Hao, Zengrong Liu. Dynamical behaviors of Rb-E2F pathway including negative feedback loops involving miR449. *Plos One*, 2012, 7(9): e43908.

2. Tu YS, Buldyrev SV, Liu ZR, Fang HP, Stanley HE. Different water scenarios for a primitive model with two types of hydrogen bonds. *EPL*, 2012, 97(5): 56005.

3. Zhang H, Zhou J, Liu ZR. Synchronization of networked harmonic osillators with communication delay under local instantaneous interaction. *Journal of Dynamic Systems, Measurement, and Control by ASME (Transactions of ASME)*, 2012, DOI: 10.1115/1.4006365.

4. Zhou PP, Cai SM, Liu ZR, Wang RQ. Mechanisms generating bistability and oscillations in microRNA-mediated motifs. *Phys. Rev. E*, 2012, 85: 041916.

5. Yan F, Liu HH, Liu ZR. The bifurcation and exact travelling wave solutions for the modified Benjamin-Bona-Mahoney (mBBM) equation. *Commun. Nonlinear Sci. Numer. Simul*, 2012, 17: 2824 – 2832.

6. Yan F, Hua CC, Liu HH, Liu ZR. The exact travelling wave solutions and their bifurcations in the Gardner and Gardner-KP equations. *Int. J. Bifurcation Chaos*, 2012, 22(5): 1250126.

7. 万茜,周进,刘曾荣:《蛋白质相互作用特征的理论再现》,《物理学报》,2012 年第 1 期。

◇ 2011 年 ◇

8. Cai SM, Hao JJ, He QB, Liu ZR. New results on synchronization of chaotic systems with time-varying delays via intermittent control. *Nonlinear Dynamics*, 2011, 67(1): 393 – 402.

9. Chang X, Liu DY, Liu ZR, Chen LN, Wang RQ. Adaptation of simple molecular networks to time-dependent stimulus. *Asian Journal of Control*, 2011, 13(5): 701 – 712.

10. Hao JJ, Cai SM, He QB, Liu ZR. The interaction between multiplex community networks. *Chaos*, 2011, 21(1): 016104.

11. Liu DY, Chang XA, Liu ZR, Chen LN, Wang RQ. Bistability and oscillations in gene regulation mediated by small noncoding RNAs. *Plos One*, 2011, 6(3): e17029.

12. Cai SM, Hao JJ, Liu ZR. Exponential synchronization of chaotic systems with time-varying delays and parameter mismatches via intermittent control. *Chaos*, 2011, 21(2): 023112.

13. Cai SM, Hao JJ, He QB, Liu ZR. Exponential synchronization of complex delayed dynamical networks via pinning periodically intermittent control. *Physics Letters A*, 2011, 375(19): 1965 – 1971.

14. He QB, Chen FY, Cai SM, Hao JJ, Liu ZR. An efficient range-free localization algorithm for wireless sensor networks. *Science China (Technological Sciences)*, 2011, 54(5):1053 – 1060.

15. 贺勤斌,郝军军,蔡水明,王瑞琦,刘曾荣:《包含沉默转录因子和 miR-21 的胚胎干细胞调控网络的双稳开关及鲁棒性研究》,《生物物理学报》,2011 年第 12 期。

◇ 2010 年 ◇

16. Fu XC, Chen ZH, Gao HJ, Li CP, Liu ZR. Chaotic sets of continuous and discontinuous maps. *Nonlinear Anal-Theor*, 2010, 72(1):399 – 408.

17. Liu DY, Chang XA, Liu ZR, Chen LN, Wang RQ. The effect of coupled feedback on noise filtering in signal transduction networks. *J. Syst. Sci. Complex*, 2010, 23(5):942 – 950.

18. Cai SM, He QB, Hao JJ, Liu ZR. Exponential synchronization of complex networks with nonidentical time-delayed dynamical nodes. *Physics Letters A*, 2010, 374(25):2539 – 2550.

19. Hao JJ, Cai SM, He QB, Liu ZR. A unifying modularity in networks. *Chinese Physics Letters*, 2010, 27(12):213 – 216.

20. Wan X, Cai SM, Zhou J, Liu ZR. Emergence of modularity and disassortatvity in protein-protein interaction networks. *Chaos*, 2010, 20(4):045113.

21. Xu CS, Liu ZR, Wang RQ. How divergence mechanisms influence disassortative mixing property in biology. *Physica A*, 2010, 389(3):643 – 650.

22. Zhang W, Zhang G, Liu ZR. Synchronization of coupled nonidentical dynamical systems. *Chinese Physics Letters*, 2010, 27(3):030504.

23. 贺勤斌,刘曾荣:《非线性可分 Boolean 函数分解及神经网络实现》,《科学技术与工程》,2010 年第 11 期。

24. 许醇穗,刘曾荣:《生物网络中的随机变异机制与度负关联性的关系》,《力学学报》,2010 年第 5 期。

◇ 2009 年 ◇

25. Li Y, Liu ZR, Zhang J, Wang RQ, Chen L. Synchronisation mechanisms of circadian rhythms in the suprachiasmatic nucleus. *IET Syst. Biol.*, 2009, 3(2):100 – 112.

26. Cai SM, Liu ZR, Xu FD, Shen JW. Periodically intermittent controlling complex dynamical networks with time-varying delays to a desired orbit. *Physics Letters A*, 2009, 373(42):3846 – 3854.

27. Wang JZ, Liu ZR. Mean-field level analysis of epidemics in directed networks. *J. Phys. A-Math Theor*, 2009, 42(35):355001.

28 Wang Y, Ma ZJ, Shen JW, Liu ZR, Chen LN. Periodic oscillation in delayed gene networks with SUM regulatory logic and small perturbations. *Mathematical Biosciences*, 2009, 220(1):34 – 44.

29. Zhang JB, Liu ZR, Xu JH. Synchronization in oscillator networks with coupling balance. *Chaos, Solitons and Fractals*, 2009, 39(2):556 – 566.

30. Shen JW, Liu ZR, Zheng WX, Xu FD, Chen LN. Oscillatory dynamics in a simple gene regulatory network mediated by small RNAs. *Physica A*, 2009, 388(14):2995 – 3000.

31. Wang Y, Shen JW, Niu BG, Liu ZR, Chen LN. Robustness of interval gene networks with multiple time-varying delays and noise. *Neurocomputing*, 2009, 72(13 – 15):3303 – 3310.

32. Xu F, Liu Z, Shen J, Wang R. Dynamics of microRNA-mediated motifs. *IET Syst. Biol.*, 2009, 3(6):496 – 504.

33. Xu FD, Liu ZR, Zhang ZY, Shen JW. Robust and adaptive microRNA-mediated incoherent feedforward motifs. *Chinese Physics Letters*, 2009, 26(2):028701.

34. Zhou J, Wu QJ, Xiang L, Liu ZR. Impulsive control and synchronization of chaotic Hindmarsh-Rose models for neuronal activity. *Chaos, Solitons and Fractals*, 2009, 41(5):2706－2715.

35. 费敏锐, 狄轶娟, 刘曾荣, 朱新广:《植物代谢系统的建模与仿真》,《中国计算机学会通讯》, 2009 年第 9 期。

36. 刘曾荣, 张志勇:《应用数学与复杂网络》,《科学》, 2009 年第 3 期。

37. 周进, 吴泉军, 刘曾荣:《复杂多个体时滞网络系统的脉冲一致性》,《上海大学学报(自然科学版)》,2009 年第 6 期。

◇ 2008 年 ◇

38. Huang J, Wang JZ, Liu ZR. Numerical studies on the epidemic spreading on correlated networks. *International Journal of Nonlinear Science*, 2008, 15(1):20－24.

39. Li Y, Liu ZR, Zhang JB. Synchronization between different networks. *Chinese Physics Letters*, 2008, 25(3):874－877.

40. Zhang JB, Liu ZR, Li Y. Synchronization in oscillator networks with nonlinear coupling. *Commun Theor. Phys.*, 2008, 50(4):925－930.

41. Ma ZJ, Zhang G, Wang Y, Liu ZR. Cluster synchronization in star-like complex networks. *J. Phys. A-Math Theor.*, 2008, 41(15):155101.

42. Shi XM, Zheng YF, Liu ZR, Yang WZ. A model of calcium signaling and degranulation dynamics induced by laser irradiation in mast cells. *Chinese Science Bulletin*, 2008, 53(15):2315.

43. Xu FD, Luo JG, Liu ZR. From chaos to order via synchronization. *Communication on applied mathematics and computation*, 2008, 22(02):35－40.

44. Zhang G, Liu ZR, Zhang JB. Adaptive synchronization of a class of continuous chaotic systems with uncertain parameters. *Physics Letters A*, 2008, 372(4):447－450.

45. Zhou J, Cai SM, Xiang L, Liu ZR. Robust impulsive synchronization of complex delayed dynamical networks. *Physics Letters A*, 2008, 372(30):4990－4995.

46. 施小民, 郑毓蕃, 刘曾荣, 杨文忠:《激光照射引发的肥大细胞内钙信号和脱颗粒动力学模型》,《科学通报》,2008 年第 11 期。

47. 周进, 刘曾荣:《具有脉冲效应复杂时滞动力网络的同步动力学与控制》,《科技导报》,2008 年第 2 期。

48. 赵丹, 黄骞, 刘曾荣:《一个基于复制变异准则的蛋白质作用网络的构建模型》,《应用数学与计算数学学报》,2008 年第 1 期。

49. 徐凤丹, 罗吉贵, 刘曾荣:《通过同步实现从混沌到有序的转变》,《应用数学与计算数学学报》, 2008 年第 2 期。

◇ 2007 年 ◇

50. Dong CD, Liu ZR. An ideal assortative network and synchronization. *Commun Theor. Phys.*, 2007, 47(1):186－192.

51. Liu ZR, Dong CD, Fan QD. Multicenter network and synchronization. *International Journal of Bifurcation and Chaos*, 2007, 17(6):2109－2115.

52. Liu ZR, Li Y, Chen GR. The basin of attraction of the Chen attractor. *Chaos, Solitons and*

Fractals, 2007, 34(5):1696 – 1703.

53. Liu ZR, Ma ZJ, Zhang G. Generalized synchronization of discrete systems. *Appl. Math. and Mech.*, 2007, 28(5):609 – 614.

54. Liu ZR, Zhang G, Ma ZJ. Generalized synchronization of continuous dynamical system. *Appl. Math. and Mech.*, 2007, 28(2):157 – 162.

55. Zhang G, Liu ZR, Ma ZJ. Synchronization of complex dynamical networks via impulsive control. *Chaos*, 2007, 17(4):043126.

56. Zhang JB, Liu ZR, Li Y. An approach to analyse phase synchronization in oscillator networks with weak coupling. *Chinese Physics Letters*, 2007, 24(6):1494 – 1497.

57. Zhang ZY, Luo JG, Liu ZR. From lag synchronization to pattern formation in networked dynamics. *Physica A*, 2007, 378(2):537 – 549.

58. Zhao D, Liu ZR, Wang JZ. Duplication: a mechanism producing disassortative mixing networks in biology. *Chinese Physics Letters*, 2007, 24(10):2766 – 2768.

59. Wang JZ, Liu ZR, Xu JH. Epidemic spreading on uncorrelated heterogenous networks with non-uniform transmission. *Physica A*, 2007, 382(2):715 – 721.

60. Xu JH, Liu ZR, Wang JZ. Liapunov methods for error estimate of waveform relaxation. *International Journal of Nonlinear Science*, 2007, 3(1):40 – 43.

61. Li Ying, Liu ZR, Zhang JB. Dynamics of network motifs in genetic regulatory networks. *Chinese Phys.*, 2007, 16(9):2587 – 2594.

62. Zhang G, Liu ZR, Ma ZJ. Generalized synchronization of different dimensional chaotic dynamical systems. *Chaos, Solitons and Fractals*, 2007, 32(2):773 – 779.

63. Zhang HL, Liu ZR, Zhang W. Growth estimates and blow-up in quasilinear parabolic problems. *Applicable Analysis*, 2007, 86(2):261 – 268.

64. Zhou J, Xiang L, Liu ZR. Global synchronization in general complex delayed dynamical networks and its applications. *Physica A*, 2007, 385(2):729 – 742.

65. Zhou J, Xiang L, Liu ZR. Synchronization in complex delayed dynamical networks with impulsive effects. *Physica A*, 2007, 384(2):684 – 692.

66. 陈洛南，王勇，费敏锐，刘曾荣：《从理工科视角探索系统生物学》，《科技导报》，2007 年第 10 期。

67. 刘曾荣，周进：《非线性动力学理论的若干进展和展望》，《中国力学文摘》，2007 年第 4 期。

68. 赵德勤，刘曾荣：《基于追踪控制的混沌系统广义同步》，《重庆邮电大学学报（自然科学版）》，2007 年第 6 期。

◇ 2006 年 ◇

69. Dong CD, Liu ZR. An ideal disassortative network and synchronization. *International Journal of Bifurcation and Chaos*, 2006, 16(10):3093 – 3102.

70. Duan WQ, Chen Z, Liu ZR. Epidemic spreading in contact networks based on exposure level. *Chinese Physics Letters*, 2006, 23(5):1347 – 1350.

71. Li Y, Liu ZR. Riddled property of the attracted basin of chen attractor. *Communication On Applied Mathematics and Computation*, 2006, 20(1):51 – 55.

72. Li Y, Zhang JB, Liu ZR. Circadian oscillators and phase synchronization under a light-dark cycle. *International Journal of Nonlinear Science*, 2006, 1(3):131 – 138.

73. Lin YP, Ma ZJ, Liu ZR. Asymptotic bifurcation of an everted Varga spherical shell. *Chinese Journal of Computational Mechanics*, 2006, 23(5):536 − 539.

74. Liu ZR, Chen J, Chen GR. Riddle property of the basin of attraction of the Lorenz attractor. *Dynamics of Continuous, Discrete and Impulsive Systems Series B: Applications and Algorithms*, 2006, 13:27 − 34.

75. Liu ZR, Luo JG. Realization of complete synchronization between different systems by using structure adaptation. *Chinese Physics Letters*, 2006, 23(5):1118 − 1121.

76. Liu ZR, Luo JG. From lag synchronization to pattern formation in one-dimensional open flow models. *Chaos, Solitons and Fractals*, 2006, 30(5):1198 − 1205.

77. Ma ZJ, Liu ZR, Zhang G. A new method to realize cluster synchronization in connected chaotic networks. *Chaos*, 2006, 16(2):023103.

78. Wan YS, Chen Z, Liu ZR. Modeling the two-power-law degree distribution of banking networks. *Dynamics of Continuous, Discrete and Impulsive Systems Series B: Applications and Algorithms*, 2006, 13(3 − 4):441 − 449.

79. Yang B, Chen Z, Liu ZR, Duan NQ. Research on structural evolution and pattern emergence of socio-economic complex networks based on individual choices. *Dynamics of Continuous, Discrete and Impulsive Systems Series B: Applications and Algorithms*, 2006, 13(3 − 4):387 − 394.

80. Li T, Liu ZR. Upper semi-continuity of attractors for multivalued semi-flow under random perturbation. *Journal of Shanghai University*, 2006, 10(4):288 − 292.

81. 马忠军,刘曾荣,张刚:《混沌网络的聚类同步方法》,《力学学报》,2006 年第 3 期。

82. 李挺,刘曾荣:《复杂系统中的自适应性》,《浙江师范大学学报(自然科学版)》,2006 年第 4 期。

83. 李莹,刘曾荣:《陈吸引子一个"奇怪"性质的研究》,《应用数学与计算数学学报》,2006 年第 1 期。

84. 林怡平,马忠军,刘曾荣:《翻转的 Varga 材料球壳的渐近分支》,《计算力学学报》,2006 年第 5 期。

◇ 2005 年 ◇

85. Chen J, Liu ZR. Partial synchronization between different systems. *Appl. Math. and Mech.*, 2005, 26(9):1132 − 1137.

86. Duan WQ, Chen Z, Liu ZR. Phase transition dynamics of collective decision in scale-free networks *Chinese Physics Letters*, 2005, 22(8):2137 − 2139.

87. Duan WQ, Chen Z, Liu ZR, Jin W. Efficient target strategies for contagion in scale-free networks. *Physical Review E*, 2005, 72(2):026133.

88. Jin Z, Shu S, Liu ZR. Periodic solutions of forced Lienard-type equations. *Appl. Math. and Comput.*, 2005, 161(2):655 − 666.

89. Liu ZR, Chung KW. Hybrid control of bifurcation in continuous nonlinear dynamical systems. *International Journal of Bifurcation and Chaos*, 2005, 15(12):3895 − 3903.

90. Liu ZR, Zhang G, Ma ZJ. Several results to realize generalized synchronization in dynamical systems. *Dynamics of Continuous, Discrete and Impulsive Systems Series B: Applications and Algorithms*, 2005, 2:790 − 794.

91. Shi XM, Liu ZR. An intracellular calcium oscillations model including mitochondrial calcium

cycling. Chinese Physics Letters, 2005, 22(12):3206 – 3209.

92. Zhang HL, Liu ZR, Zhang W. Blow-up of positive solution of quasilinear parabolic equations with nonlinear Neumann boundary conditions. *Global Journal of Pure and Applied Mathematics*, 2005, 2:225 – 233.

93. Zhou J, Liu ZR, Chen GR. Global dynamics of periodic delayed neural networks models. *Dynamics of Continuous, Discrete and Impulsive Systems Series B: Applications and Algorithms*, 2005, 12(5 – 6):689 – 699.

94. Zhou J, Liu ZR, Xiang L. Global dynamics of delayed bidirectional associative memory (BAM) neural networks. *Appl. Math. and Mech.* , 2005, 26(3):327 – 335.

95. 陈骏,陈忠,刘曾荣:《探讨复杂系统中的群体结构》,《复杂系统与复杂性科学》,2005 年第 2 期。

96. 罗吉贵,刘曾荣:《从同步到涌现》,《复杂系统与复杂性科学》,2005 年第 1 期。

97. 方锦清,汪小帆,郑志刚,李翔,狄增如,刘曾荣:《非线性复杂网络研究的若干进展》,《中国原子能科学研究院年报》,2005 年。

◇ 2004 年 ◇

98. Chen GR, Zhou J, Liu ZR. Global synchronization of coupled delayed neural networks and applications to chaotic CNN models. *International Journal of Bifurcation and Chaos*, 2004, 14(7):2229 – 2240.

99. Dai HH, Huang DB, Liu ZR. Singular dynamics with application to singular waves in physical problems. *J. Phys. Soc. Jpn.* , 2004, 73(5):1151 – 1155.

100. Dai HH, Liu ZG. Nonlinear traveling waves in a compressible Mooney-Rivlin rod - I. Long finite-amplitude waves. *Acta Mechanica Sinica*, 2004, 20(4):435 – 446.

101. Fan QD, Liu ZR. Chaotic synchronization for dynamical system constructed on star network. *Journal of Shanghai University*, 2004, 8(2): 124 – 127.

102. Leung AYT, Liu ZR. Suppressing chaos for some nonlinear oscillators. *International Journal of Bifurcation and Chaos*, 2004, 14(4):1455 – 1465.

103. Leung AYT, Liu ZR. Some new methods to suppress chaos for a kind of nonlinear oscillator. *International Journal of Bifurcation and Chaos*, 2004, 14(8):2955 – 2961.

104. Lin YP, Liu ZR. Local stability and bifurcation in a model of delayed neural network. *Lecture Notes Computation Science*, 2004, 3173:67 – 71.

105. Liu ZR. Using structure adaptive to realize complete synchronization between different systems. *Communication on Applied Mathematics and Computation*, 2004, 18(2):68 – 72.

106. Zhao DQ, Liu ZR. Lag synchronization in nonlinear systems based on adaptive control. *Journal of Shanghai University*, 2004, 8(1): 24 – 27.

107. Zhou J, Liu ZR, Chen GR. Dynamics of periodic delayed neural networks. *Neural Networks*, 2004, 17(1):87 – 101.

108. 毕勤胜,邹勇,刘曾荣,陈关荣:《内共振系统的混沌同步现象》,《控制理论与应用》,2004 年第 6 期。

109. 方锦清,汪小帆,刘曾荣:《略论复杂性问题和非线性复杂网络系统的研究》,《科技导报》,2004 年第 2 期。

110. 刘曾荣:《关于同步的几个理论问题》,《自然杂志》,2004 年第 5 期。

111. 刘曾荣,李挺:《复杂系统理论剖析》,《自然杂志》,2004 年第 3 期。

112. 罗诗裕,邵明珠,韦洛霞,刘曾荣:《位错动力学与系统的全局分叉》,《物理学报》,2004 年第 6 期。

113. 刘曾荣:《用结构适应实现不同系统之间的完全同步》,《应用数学与计算数学学报》,2004 年第 2 期。

◇ 2003 年 ◇

114. Chen FY, Liu ZR. Chaotic Stationary Solutions of Cellular Neural Networks. *International Journal of Bifurcation and Chaos*, 2003, 13(11):3499 - 3504.

115. Chen GR, Liu ZR. On a possible mechanism of the brain for responding to dynamical features extracted from input signals. *Chaos, Solitons and Fractals*, 2003, 18(4):785 - 794.

116. Chen J, Liu ZR. A method of controlling synchronization in different systems. *Chinese Physics Letters*, 2003, 20(9):1441 - 1443.

117. Liu ZR, Chen GR. On area-preserving non-hyperbolic chaotic maps: A case study. *Chaos, Solitons and Fractals*, 2003, 16(5):811 - 818.

118. Liu ZR, Mao JM. Control of unstable flows. *Chinese Physics Letters*, 2003, 20(2):206 - 208.

119. Yang L, Liu ZR, Mao JM. Controlling hyperchaos in planar systems by adjusting parameters. *Appl. Math. and Mech.*, 2003, 24(4): 396 - 401.

120. Zheng YA, Huang DB, Liu ZR. Reduction of Volume-preserving Flows on an n-dimensional Manifold. *Acta Mathematicae Applicatae Sinica*, 2003, 19(1):129 - 134.

121. Zheng YA, Liu ZR. Periodic solutions in one-dimensional coupled map lattices. *Appl. Math. and Mech.*, 2003, 24(05): 521 - 526.

122. Zheng YA, Nian YB, Liu ZR. Impulsive synchronization of discrete chaotic systems. *Chinese Physics Letters*, 2003, 20(2):199 - 201.

123. Zheng YG, Chen GR, Liu ZR. On chaotification of discrete systems. *International Journal of Bifurcation and Chaos*, 2003, 13(11):3443 - 3447.

◇ 2002 年 ◇

124. Chen GR, Yang L, Liu ZR. Anticontrol of chaos for continuous-time systems. *IEICE Trans*, 2002, E85-A(6):1333 - 1335.

125. Liu YR, Liu ZR. The periodic solutions of discrete Nagumo equation. *Journal of Shanghai University*, 2002, 6(2): 97 - 100.

126. Liu YR, Liu ZR. Some dynamical behavior of discrete Nagumo equation. *Chaos, Solitons and Fractals*, 2002, 14(9):1457 - 1464.

127. Liu ZR, Chen GR. On the relationship between parametric variation and state feedback in chaos control. *International Journal of Bifurcation and Chaos*, 2002, 12(6):1411 - 1415.

128. Tian LX, Xu BQ, Liu ZR. Wavelet approximate inertial manifold and numerical solution of Burgers'equation. *Appl. Math. and Mech.*, 2002, 23(10):1140 - 1152.

129. Tian LX, Xu G, Liu ZR. The concave of convex peaked and smooth soliton solutions of Camassa-Holm equation. *Appl. Math. and Mech.*, 2002 23(05): 557 - 567.

130. Xiang L, Zhou J, Liu ZR, Sun S. On the asymptotic behavior of hopfield neural network with periodic inputs. *Appl. Math. and Mech.*, 2002, 23(12): 1367 - 1373.

131. Yang L, Liu ZR, Chen GR. Chaotifying a continuous-time system via impulsive input. *International Journal of Bifurcation and Chaos*, 2002, 12(5):1121 - 1128.

132. Yang L, Liu ZR, Zheng Y. "Middle" periodic orbit and its application to chaos control.

International Journal of Bifurcation and Chaos, 2002, 12(8):1869 – 1876.

133. Zheng YA, Liu ZR, Zhou J. A new syndronization principle and application to chua's circuits. *International Journal of Bifurcation and Chaos*, 2002, 12(4):815 – 818.

134. Zheng YA, Nian YB, Liu ZR. Impulsive control for the stabilization of discrete chaotic system. *Chinese Phys. Lett.*, 2002, 19(9):1251 – 1253.

135. Zheng YG, Liu ZR, Huang DB. Discrete soliton-like for KdV prototypes. *Chaos, Solitons and Fractals*, 2002, 14(7):989 – 994.

136. 黄德斌, 刘曾荣, 郑永爱:《Sine-Gordon 方程中混沌跳跃行为的机制》,《力学学报》,2002 年第 2 期。

◇ 2001 年 ◇

137. Chen LQ, Liu ZR. Control of a hyperchaotic discrete system. *Appl. Math. and Mech.*, 2001, 22(7):741 – 746.

138. Huang DB, Liu ZR. A family of exact solutions for the nonlinear Schrodinger equation. *Journal of Shanghai University*, 2001, 5(6):273 – 275.

139. Liu YR, Liu ZR, Zheng YA. Attractors of nonautonomous Schrodinger equations. *Appl. Math. and Mech.*, 2001, 22(2): 180 – 189.

140. Zheng YA, Liu ZR, Liu YR. Travelling wave solutions for sine-gordon prototypes. *International Journal of Nonlinear Sciences and Numerical Simulation*, 2001, 2(1):73 – 78.

141. Zhou J, Sun S, Liu ZR. Necessary and sufficient conditions of nonlinear oscillations for a second order retarded system. *Chinese Journal of Engineering Mathematics*, 2001, 18(3):6 – 10.

142. 田立新, 刘曾荣:《P 耗散算子的研究》,《数学学报》,2001 年第 1 期。

143. 周进, 刘曾荣:《非自治广义 Liénard 系统解的整体渐近性态》,《数学研究与评论》,2001 年第 3 期。

◇ 2000 年 ◇

144. Huang DB, Liu ZR. On the persistence of lower-dimensional invariant hyperbolic tori for smooth Hamiltonian systems. *Nonlinearity*, 2000, 13(1):189 – 202.

145. Liu ZR, Huang DB, Wang LL. A family of interesting exact solution of the Sine-Gordon equation. *Chinese Physics Letters*, 2000, 17(1 – 3).

146. Liu ZR, Liu YR, Zheng YA. Attractor of weakly damped forced kdv equation with external periodic excitation. *Journal of Shanghai University*, 2000, 4(3):194 – 196.

147. Mao JM, Liu ZR, Ling Y. Straight-line stabilization. *Physical Review E*, 2000, 62(4):4846 – 4849.

148. Yang L, Liu ZR, Mao JM. Controlling hyperchaos. *Phys. Rev. Lett.*, 2000, 84(1):67 – 70.

149. Tian LX, Chu ZJ, Liu ZR, Jiang Y. Numerical analysis of longtime dynamic behavior in weakly damped forced KdV equation. *Appl. Math. and Mech.*, 2000, 21(10):1123 – 1130.

150. Tian LX, Liu YR, Liu ZR. The research of blow-up in 2D weakly damped forced KdV equation on thin domain. *Appl. Math. and Mech.*, 2000, 21(10):1111 – 1118.

151. Tian LX, Liu YR, Liu ZR. Local attractors for weakly damped forced KdV equation in thin 2D domains. *Appl. Math. and Mech.*, 2000, 21(10):1131 – 1138.

152. 刘曾荣:《控制与混沌控制》,《自然杂志》,2000 年第 5 期。

153. 王冠香, 刘曾荣:《Kuramoto-Sivashinsky 方程的渐近吸引子》,《应用数学学报》,2000 年第 3 期。

◇ 1999 年 ◇

154. Chen YS, Ma JH, Liu ZR. The state space reconstruction technology of different kinds of chaotic data obtained from dynamical system. *Acta Mechanica Sinica*, 1999, 15(1):82-92.

155. Liu ZR, Chen LQ, Yang L. On properties of hyperchaos: Case study. *Acta Mechanica Sinica*, 1999, 15(4):366-370.

156. Liu ZR, Huang DB. A method to generate new exact solutions from a known stationary solution. *Chinese Physics Letters*, 1999, 16(5):313-315.

157. Liu ZR, Mao JM, Cao YL. Constructing new periodic exact solution of evolution equation. *Physical Review E*, 1999, 60(4):3589-3596.

158. Liu ZR, Xu ZY, Debin H. Homoclinic orbit in ODE on GAIM of the Sine-Gordon equation. *Physics Letters A*, 1999, 258(4-6):249-252.

159. Ma JH, Chen YS, Liu ZR. The matric algorithm of lyapunov exponent for the experimental data obtained in dynamic analysis. *Appl. Math. and Mech.*, 1999, 20(9): 985-993.

160. Tian LX, Liu ZR. p dissipative operator. *Commun Math. Phys.*, 1999, 201(3):519-548.

161. Wang GX, Liu ZR. On radii of absorbing sets for Kuramoto-Sivashinsky equation. *Appl. Math. and Mech.*, 1999, 20(7):729-738.

162. Ma JH, Chen YS, Liu ZR. The nonlinear chaotic model reconstruction for the experimental data obtained from different dynamic system. *Appl. Math. and Mech.*, 1999, 20(11): 1214-1221.

163. 刘曾荣，程宗实：《复杂、复杂性和混沌边缘》，《自然杂志》，1999 年第 2 期。

164. 马军海，陈予恕，刘曾荣：《动力系统实测数据的奇异值分解技术》，《振动工程学报》，1999 年第 3 期。

165. 马军海，陈予恕，刘曾荣：《三种动力系统实测数据奇异值的比较》，《天津大学学报（自然科学与工程技术版）》，1999 年第 3 期。

166. 田立新，林玉蕊，刘曾荣：《弱阻尼 KdV 方程样条小波基下的近似惯性流形》，《数学物理学报》，1999 年第 4 期。

◇ 1998 年 ◇

167. Cao YL, Liu ZR. Strange attractors in the orientation-preserving Lozi map. *Chaos, Solitons and Fractals*, 1998, 9(11):1857-1863.

168. Cao YL, Liu ZR. The geometric structure of strange attractors in the Lozi map. *Communications in Nonlinear Science & Numerical Simulation*, 1998, 3(2):119-122.

169. Huang DB, Liu ZR, Cheng ZS. Global dynamics near the resonance in the Sine-Gordon equation. *Journal of Shanghai University*, 1998, 2(4):259-261.

170. Huang DB, Zhao XH, Liu ZR. Reduction of the vector fields preserving n-form and the study of their interrelated problems. *Chinese Science Bulletin*, 1998, 43(9):788-789.

171. Huang DB, Zhao XH, Liu ZR. Divergence-free vector-field and reduction. *Physics Letters A*, 1998, 244(5):377-382.

172. Lin YR, Tian LX, Liu ZR. The wild solutions of the induced form under the spline wavelet basis in weakly damped forced KdV equation. *Appl. Math. and Mech.*, 1998, 19(12):1161-1166.

173. Lu DC, Tian LX, Liu ZR. Wavelet basis analysis in perturbed periodic KdV equation. *Appl.*

Math. and Mech. , 1998, 19(11):1053 – 1058.

174. Ma JH, Chen YS, Liu ZR. Threshold value for diagnosis of chaotic nature of the data obtained in nonlinear dynamic analysis. *Appl. Math. and Mech.* , 1998, 19(6):513 – 520.

175. Ma JH, Chen YS, Liu ZR. The influence of the different distributed phase-randomized on the experimental data obtained in dynamic analysis. *Appl. Math. and Mech.* , 1998, 19(11):1033 – 1142.

176. Tian LX, Liu ZR. The Schrodinger operator. *Proc. Am. Math. Soc.* , 1998, 126(1):203 – 211.

177. Yang L, Liu ZG. An improvement and proof of OGY method. *Appl. Math. and Mech.* , 1998, 19(1):1 – 8.

178. Liu ZR, Wang GX. Improved estimate on dimension of inertial manifold for Kuramoto-Sivashinsky equation. *Advances in Mathematics*, 1998, 27(3):281 – 283.

179. 陈芳，顾凡及，徐京华，刘曾荣，刘仁：《一种新的人脑信息传输复杂性的研究》，《生物物理学报》，1998 年第 3 期。

180. 徐振源，刘曾荣：《Sine-Gordon 方程的截断系统的同宿轨道》，《力学学报》，1998 年第 3 期。

181. 杨凌，刘曾荣：《论不稳定控制——第八届全国非线性振动暨第五届全国非线性动力学、振动和运动稳定性学术会议邀请报告》，《非线性动力学学报》，1998 年增刊。

◇ 1997 年 ◇

182. Liu ZR, Wei Z, Xin H. Is there chaotic synchronization in space extend systems? *Nonlinear Dynamics*, 1997, 12(4):319 – 326.

183. Qin WX, Liu ZR. Convergence of attractors. *Appl. Math. and Mech.* , 1997, 18(12):1153 – 1158.

184. Tian LX, Liu ZR, Li Y. Can the linear operator in physics cause chaos? *Communications in Nonlinear Science and Numerical Simulation*, 1997, 2(2):128 – 131.

185. Xu JH, Liu ZR, Liu R, Yang QF. Information transmission in human cerebral cortex. *Physica D*, 1997, 106(3 – 4):363 – 374.

186. 刘曾荣，黄欣：《一种值得注意的动力学行为》，《力学学报》，1997 年第 1 期。

187. 刘曾荣，徐京华，刘仁，陈芳：《大脑皮层信息传递复杂性的研究》，《自然杂志》，1997 年第 A10 期。

188. 徐振源，吴瑞明，刘曾荣：《Sine-Gordon 方程的多重脉动跳跃轨道》，《非线性动力学学报》，1997 年第 3 期。

◇ 1996 年 ◇

189. 刘曾荣：《非线性科学浅论》，《自然杂志》，1996 年第 4 期。

◇ 1995 年 ◇

190. Liu ZR, Xu ZY. A new method of studying the dynamical behaviour of the Sine-Gordon equation. *Physics Letters A*, 1995, 204(5 – 6): 343 – 346.

191. Wang GX, Xu ZY, Liu ZR. An example of PDE with two attractors. *Appl. Math. and Mech.* , 1995, 16(9): 833 – 838.

192. 黄欣，张伟，刘曾荣：《空间扩展系统中混沌同步图案》，《非线性动力学学报》，1995 年增刊。

193. 刘曾荣，徐振源：《Sine—Gordon 方程的动力学行为讨论》，《非线性动力学学报》，1995 年第 1 期。

194. 田立新，刘曾荣：《无穷维线性空间中的非游荡算子》，《数学物理学报》，1995 年第 4 期。

◇ 1994 年 ◇

195. Huang X, Liu ZR. Numerical studies for a model describing complexity. *Appl. Math. and Mech.*, 1994,15(8): 767 - 770.

196. Tian LX, Xu ZY, Liu ZR. Attractors of dissipative soliton equation. *Appl. Math. and Mech.*, 1994,15(6):571 - 578.

197. Xu JH, Liu ZR, Liu R. The measures of sequence complexity for EEG studies. *Chaos, Solitons and Fractals*, 1994, 4(11):2111 - 2119.

198. 刘曾荣，赵鸿：《奇怪吸引子分片机理的讨论》，《力学学报》，1994 年第 5 期。

◇ 1993 年 ◇

199. Huang X, Liu ZR, Xie HM. On CML model for study of spatiotemporal chaos. *Appl. Math. and Mech.*, 1993,14(10): 971 - 980.

200. Liu ZR, Qin WX, Xie HM, Cao YL. The strange attractor of a kind of two-dimensional map and dynamical properties on it. *Science in China, SerA*, 1993,23(8): 976 - 984.

201. Xu ZY, Liu ZR. Global attractor and inertial manifolds for regeneration of severed limb equation. *J Part Diff. Eq*, 1993, 6:327 - 338.

202. Xu ZY, Liu ZR. The ODE on the generalized asymptotic inertial manifold of Sine-Gordon equation. *Chinese Science Bulletin*, 1993,38(19):1750 - 1753.

203. Liu ZR, Qin WX, Xie HM. The geometric structure and dynamical properties of lauwerier attractor. *Chinese Science Bulletin*, 1993,38(2):116 - 119.

204. 刘曾荣，黄欣，程忠实：《生物体信息传播过程的动力学行为》，《科学》，1993 年第 3 期。

205. 刘曾荣，曹永罗：《双曲周期点的不变流形以及横截环》，《应用数学学报》，1993 年第 3 期。

206. 刘曾荣，谢惠民，朱照宣，卢钦和：《Lozi 映射奇怪吸引子的探讨》，《数学物理学报》，1993 年第 3 期。

207. 徐振源，刘曾荣：《Sine-Gordon 方程在广义渐近惯性流形上的常微分方程》，《科学通报》，1993 年第 19 期。

208. 田立新，卢殿臣，刘曾荣：《坍塌孤立波方程的吸引子与分形维估计》，《江苏工学院学报》，1993 年第 2 期。

209. 徐民京，田立新，刘曾荣：《非游荡算子与超循环算子》，《江苏工学院学报》，1993 年第 4 期。

◇ 1992 年 ◇

210. Dong GM, Liu ZR, Xu ZF. Stochasticity near resonances in a kind of near-integrable hamiltonian systems based on smale horseshoes. *Appl. Math. and Mech.*, 1992,13(1): 11 - 16.

211. Gu G, Liu Z. Effects of contact resistance on I thermal conductivity of composite media with a periodic structure. *J. Phys. D: Appl Phys*, 1992, 25(2):249 - 255.

212. Liu ZR, Xie HM, Zhu ZX, Lu QH. The strange attractor of the lozi mapping. *International Journal of Bifurcation and Chaos*, 1992, 2(4):831 - 839.

213. Liu ZR, Zhao N, Xie HM. A centrosymmetric chaos. *Acta Mechanica Sinica*, 1992,8(1): 21 - 23.

214. Xu ZY, Liu ZR. Asymptotic inertial manifold of Sine-Gordon equation. *Chinese Science Bulletin*, 1992,37(22): 1933 - 1934.

215. Zhao N, Liu ZR. A numerical method of K-S entropy calculation for a strange attractor. *Acta Mechanica Sinica*, 1992, 8(1): 16 – 20.

216. 陈曦, 谢惠民, 赵南, 刘曾荣:《非均匀耦合映射中的行波状 Pattern》,《科学通报》, 1992 年第 8 期。

217. 刘曾荣, 韩志斌, 江霞妹:《平面 Hamilton 系统在小扰动下次谐与超次谐解的讨论》,《数学物理学报》, 1992 年第 4 期。

218. 刘曾荣, 徐振源:《从具体例子看惯性流形概念的推广》,《力学学报》, 1992 年第 4 期。

219. 徐振源, 刘曾荣:《一类化学反应器方程的惯性流形》,《数学物理学报》, 1992 年第 S1 期。

220. 刘曾荣, 赵南, 谢惠民:《中心对称型浑沌》,《力学学报》, 1992 年第 1 期。

◇ 1991 年 ◇

221. Guo YZ, Liu ZR, Jiang XM, Han ZB. Higher-order Melnikov method. *Appl. Math. and Mech.*, 1991, 12(1): 21 – 32.

222. Ling FH, Liu ZR. Limiting probability density of the quasi-periodic orbit. *Journal of Sound and Vibration*, 1991, 151(1): 153 – 156.

223. Liu ZR, Cao YL. Discussion on the geometric structure of strange attractor. *Chinese Physics Letters*, 1991, 8(10): 503 – 506.

224. Liu ZR, Gu GQ. Thermal conductivity of periodic composite media with spherical inclusions. *Commun Theor. Phys.*, 1991, 15(2): 141 – 148.

225. Liu ZR, Xu ZF, Wang QG, Hou DH. Completed and incompleted stochastic webs. *Appl. Math. and Mech.*, 1991, 12(7): 627 – 632.

226. Lu QH, Xu ZF, Lin FQ, Liu ZR. The global bifurcation structure of a kind of digit mapping. *Appl. Math. and Mech.*, 1991, 12(2): 201 – 209.

227. 刘曾荣, 徐振源:《一类非线性常微分方程的不变流形及原理》,《上海机械学院学报》, 1991, 13(增 1): 193 – 197。

228. 刘曾荣, 徐振源, 谢惠民:《无穷维动力系统中惯性流形和吸引子》,《力学进展》, 1991 年第 4 期。

229. 秦文新, 卢钦和, 刘曾荣:《三维激发媒质中卷形波的游丝的漂移》,《苏州大学学报(自然科学版)》, 1991 年第 4 期。

◇ 1990 年 ◇

230. Liu ZR, Gu GQ. Second order Melnikov function and its application. *Physics Letters A*, 1990, 143(4 – 5): 213 – 216.

231. 刘曾荣, 戴世强:《正交条件与 Melnikov 函数》,《应用数学与计算数学学报》, 1990 年第 1 期。

232. 刘曾荣, 江霞妹, 韩志斌, 顾国庆:《Josephson 结的 I-V 曲线的子台阶》,《物理学报》, 1990 年第 5 期。

233. 卢钦和, 刘曾荣:《一类具有中心对称异宿圈二阶系统的次谐与马蹄》,《苏州大学学报(自然科学)》, 1990 年第 4 期。

◇ 1989 年 ◇

234. 刘曾荣, 孙国璋:《二阶系统中浑沌带》,《数学杂志》, 1989 年第 3 期。

◇ 1988 年 ◇

235. Liu ZR, Zhu ZX. Structure of the attracting set of a piecewise linear Hnon mapping. *Appl. Math. and Mech.*, 1988,9(9): 827 – 836.

236. 蒋继发，刘曾荣:《一个非 Hamilton 系统次谐的稳定性》,《应用数学学报》,1988 年第 4 期。

237. 罗诗裕，邵明珠，唐建宁，刘曾荣:《弯晶沟道的混沌行为》,《物理学报》,1988 年第 8 期。

238. 邵明珠，刘曾荣:《耦合型 Mathieu 方程及其粒子的共振穿越》,《数学物理学报》,1988 年第 3 期。

239. 唐建宁，刘曾荣:《2-jet 和 3-jet 系统中的复杂分叉现象》,《应用数学学报》,1988 年第 2 期。

240. 徐振源，刘曾荣:《一类三维慢变振荡器周期解的奇摄动解》,《力学学报》,1988 年第 1 期。

241. 邵明珠,罗诗裕,刘曾荣:《沟道现象的全局分叉和混沌行为》,《物理学报》,1988 年第 8 期。

◇ 1987 年 ◇

242. Liu ZR. Discontinuous and impulsive excitation. *Appl. Math. and Mech.*, 1987,8(1):31 – 35.

243. Liu ZR, Zhou SG, Liu EN. A method to calculate period doubling bifurcation. *Appl. Math. and Mech.*, 1987,8(7): 667 – 671.

244. Xu ZY, Liu ZR. Perturbation solution of the weak-nonlinear partial differential equation with δ-function. *Appl. Math. and Mech.*, 1987,8(2): 147 – 154.

245. Xu ZY, Liu ZR. Some phenomena for weak spring duffing equation in subharmonic and ultrasubharmonic region. *Appl. Math. and Mech.*, 1987,8(5): 427 – 431.

246. 蒋继发，刘曾荣:《非 Hamilton 系统的次谐分叉和马蹄》,《应用数学学报》,1987 年第 4 期。

247. 刘曾荣，李继彬，罗诗裕:《具有缓变周期扰动系统的动力学行为》,《数学物理学报》,1987 年第 3 期。

248. 刘曾荣，朱照宣，周士刚，刘尔宁:《Smile 马蹄与奇怪吸引子》,《科学通报》,1987 年第 8 期。

249. 罗经国，应广焘，刘曾荣:《具有间断激励的振动问题解》,《天津理工学院学报》,1987 年第 1 期。

250. 罗诗裕，刘曾荣，邵明珠:《半导体光磁电效应的非线性特征》,《物理学报》,1987 年第 5 期。

251. 钱敏，潘涛，刘曾荣:《Josephson 结的 I-V 曲线的理论分析》,《物理学报》,1987 年第 2 期。

252. 邵明珠，罗诗裕，刘曾荣:《带电粒子面沟道辐射的混沌行为》,《中国激光》,1987 年第 8 期。

253. 唐建宁，刘曾荣:《2-jet 系统普适开拆中的分叉现象》,《安徽大学学报(自然科学版)》,1987 年第 1 期。

254. 唐建宁，刘永明，刘曾荣:《硬弹簧 Duffing 方程的全局分叉》,《力学与实践》,1987 年第 1 期。

◇ 1986 年 ◇

255. Liu ZR, Li JB, Lin C. Chaotic phenomenon in catalytic reaction. *Appl. Math. and Mech.*, 1986, 7(1):45 – 51.

256. Liu ZR, Sun GZ. An example with chaotic band. *Annal Diff. Equa.*, 1986(2).

257. Liu ZR, Yao WG, Zhu ZX. Road to chaos for a soft spring system under weak periodic disturbance. *Appl. Math. and Mech.*, 1986,7(2): 111 – 116.

258. Luo SY, Liu ZR. Phase plane characteristics and dynamic stabilities for a spiral sector cyclotron. *Acta Mathematica Scientia*, 1986,6(1): 15 – 23.

259. 蒋继发，刘曾荣:《一个二次系统的 Poincare 分叉》,《安徽大学学报(自然科学版)》,1986 年第 3 期。

260. 李继彬, 刘曾荣, 林常:《在动载荷状态下, 齿轮振动方程的稳定性分析》,《昆明工学院学报》,1986 年第 1 期。

261. 林常, 李继彬, 刘曾荣:《具有参数及受迫激励的二阶系统的次谐波与混沌解》,《数学物理学报》,1986 年第 4 期。

261. 刘曾荣, 李继彬:《一维熔解和凝固问题的摄动解》,《昆明工学院学报》,1986 年第 2 期。

263. 刘曾荣, 陈冠伦:《具有周期性间断系数的常微分方程解析解》,《安徽师大学报(自然科学版)》,1986 年第 1 期。

264. 刘曾荣, 李继彬:《二个自由度 Hamilton 系统的浑沌性质》,《应用数学学报》,1986 年第 2 期。

265. 刘曾荣, 李德明:《关于有限次次谐分叉出现马蹄的讨论》,《力学学报》,1986 年第 6 期。

266. 刘曾荣, 罗诗裕:《$\cos \varphi$ 项对超导弱连接的电压磁场关系的影响》,《低温物理学报》,1986 年第 2 期。

267. 刘曾荣, 罗诗裕:《非均匀法向压力作用下圆环形变的摄动解》,《重庆交通学院学报》,1986 年第 3 期。

268. 孙国璋, 刘曾荣:《软弹簧 Duffing 系统的浑沌态》,《科学通报》,1986 年第 23 期。

269. 徐振源, 刘曾荣:《两类肌型血管模型的浑沌现象》,《生物数学学报》,1986 年第 2 期。

270. 朱照宣, 刘曾荣:《一个分段线性二维映射吸引集的结构》,《科学通报》,1986 年第 23 期。

271. 罗诗裕, 邵明珠, 刘曾荣:《位错及其面沟道粒子的退道行为》,《重庆交通学院学报》,1986 年第 4 期。

◇ 1985 年 ◇

272. Li JB, Liu ZR. Chaotic behavior in planar quadratic hamiltonian system with periodic perturbation. *Science Bulletin*, 1985,30(10):1285 – 1291.

273. Lin C, Li JB, Liu ZR. The relaxational oscillation solution for Fitzhugh's nerve conduction equation. *Appl. Math. and Mech.*, 1985,6(12):1171 – 1180.

274. 李继彬, 刘曾荣:《几类非线性受迫振动系统的浑沌性质》,《数学物理学报》,1985 年第 2 期。

275. 刘曾荣:《Melnikov 函数的物理意义》,《科学通报》,1985 年第 22 期。

276. 刘曾荣, 罗诗裕:《对称螺旋扇回旋加速器的分叉现象和动力学稳定性》,《原子能科学技术》,1985 年第 5 期。

277. 刘曾荣, 罗诗裕, 李继彬:《具有缓变周期扰动的动力体系, 在共振区域内的浑沌现象》,《工程数学学报》,1985 年第 2 期。

278. 罗诗裕, 刘曾荣, 邵明珠:《正弦平方势及退道过程的半经典描述》,《半导体学报》,1985 年第 1 期。

279. 徐振源, 刘曾荣:《周期区城上二阶线性偏微分方程的正交条件》,《安徽大学学报(自然科学版)》,1985 年第 3 期。

◇ 1984 年 ◇

280. Liu ZR, Lin C. Hopf bifurcation phenomenon in catalytic reaction. *Appl. Math. and Mech.*, 1984,5(4):1501 – 1507.

281. Liu ZR, Wei XR. Perturbation solution of the weak-nonlinear differential equation with δ-function. *Appl. Math. and Mech.*, 1984,5(5):1659 – 1665.

282. Liu ZR, Xu JT. The exponential asymptotic solution of differential equation. *Appl. Math. and*

Mech. ,1984,5(2):1255 - 1262.

283. 刘曾荣:《小 Bi 数时热传导问题的摄动解》,《数学物理学报》,1984 年第 3 期。

284. 刘曾荣,李继彬:《一类非线性振动方程的渐近分析》,《应用力学学报》,1984 年第 2 期。

285. 魏锡荣,刘曾荣:《小冲击对耦合型保守系统的影响》,《安徽大学学报(自然科学版)》,1984 年第 2 期。

◇ 1983 年 ◇

286. Liu ZR. The asymptotic solution of a kind of stefan problem. *Appl. Math. and Mech.* , 1983,4 (6):899 - 907.

287. Luo SY, Liu ZR, Li JB, Shao MZ. Effect on a high frequency voltage distribution to a particle motion stability. *Acta Mathematica Scientia*, 1983,3(3):285 - 293.

288. 刘曾荣,李继彬:《具有阻尼项受迫 Hill 方程的渐近解》,《振动与冲击》,1983 年第 4 期。

◇ 1982 年 ◇

289. 刘曾荣:《一类三阶常微分方程周期解的讨论》,《安徽大学学报(自然科学版)》,1982 年第 Z1 期。

290. 刘曾荣,李继彬:《双曲型和抛物型方程的均匀化处理》,《昆明工学院学报》,1982 年第 3 期。

291. 刘曾荣,李继彬:《具有线性阻尼及受通项的 Hill 方程的渐近解及稳定性》,《昆工科技》,1982 年第 3 期。

292. 徐钧涛,刘曾荣:《不均匀介质中的均匀化稳恒热传导方程》,《华东师范大学学报(自然科学版)》,1982 年第 1 期。

◇ 1981 年 ◇

293. 刘曾荣:《一些弱非线性抛物型方程的渐近解》,《安徽大学学报(自然科学版)》,1981 年第 2 期。

(二) 学术会议论文

1. 刘曾荣:《系统生物学和复杂网络》,第七届全国复杂网络学术会议,2011 年。

2. He QB, Chen FY, Liu ZR. Boolean networks:coding, linearizing and dynamics. *International Workshop on Chaos-Fractal Theory and its Applications* (*IWCFTA* 2010),2010.

3. Zhang ZY, Horimoto K, Liu ZR. Time series segmentation for gene regulatory process with Time-Window-Extension technique. *The Second International Symposium on Optimization and Systems Biology* (*OSB*'08), 2008.

4. Shen JW, Wang Y, Liu ZR, Lang RL. Parameter estimation and Stability of equilibrium of Gene Regulatory Network by Piecewise Multi-affine approach. *The Second International Symposium on Optimization and Systems Biology* (*OSB*' 08), 2008.

5. Xu FD, Liu ZR, Shen JW. MicroRNA-mediated incoherent feedforward motifs are robust. *The Second International Symposium on Optimization and Systems Biology* (*OSB*'08), 2008.

6. He WQ, Xu JH, Liu ZR. Four examples of phase synchronization in oscillator networks. *The First International Symposium on Optimization and Systems Biology* (*OSB*'07), 2007.

7. Li Y, Zhang JB, Liu ZR. Phase synchronization of circadian oscillators induced by a Light-Dark cycle

and extracellular noise. *LSMS*, 2007.

8. Wang Y, Shen JW, Liu ZR. Periodic oscillation of piecewise linear three-gene regulatory network with negative feedback loops. *The First International Symposium on Optimization and Systems Biology*（*OSB'07*）, 2007.

9. Xiang L, Liu ZR, Zhou J. Robust impulsive synchronization of delayed dynamical networks and its applications. *The First International Symposium on Optimization and Systems Biology*（*OSB'07*）, 2007.

10. Zhang JB, Liu ZR, Li Y, Chen LN. Frequency synchronization of a set of cells coupled by quorum sensing. *LSMS*, 2007.

11. Xu FD, Luo JG, Liu ZR. From chaos to order via synchronization. *Proceedings of the Second International Conference on Dynamics Vibration and Control*, 2006.

12. 刘曾荣：《复杂系统理论研究中网络》，随机图与复杂网络学术会议，2005 年。

13. 刘曾荣：《同步、自适应性、网络和复杂系统中的涌现》，*CCTAM*，2005 年。

14. 刘曾荣：《同步、自适应性、网络与复杂系统中的涌现——生物系统中的复杂性方法》，*Proceedings of the Second National Forum on Complex Dynamical Networks*，2005 年。

15. 刘曾荣：《同步、自适应性、网络和涌现——生物和经济系统中复杂性方法》，第二届全国复杂动态网络学术会议，2005 年。

16. Liu ZR. Hybrid control of Hopf bifurcation in continous nonlinear dynamical systems. *The third Asia-Pacific Workshop on Chaos Control and Synchronization*, 2004.

17. 刘曾荣：《复杂网络的理论在生物学上进展》，第一届全国复杂动态网络学术论坛，2004 年。

18. 刘曾荣：《复杂性和网络》，第 227 次香山科学会议（系统、控制和复杂性科学），2004 年。

19. Liu ZR, Chen J: A novel method to study the basin of attraction of chaotic attractor. *The 4th international conference of nonlinear mechanics*, 2002.

20. Liu ZR, Chen GR, Yang L. Anti-control of chaos in continuous time systems via impulsive inputs. *Proceedings of the 2001 International Technical Conference on Circuits/Systems, Computers and Communications*, 2001.

21. Liu ZR, Huang DB. Single-pulse orbits in the damped driven Sine-Gordon equation. *Dynamics Days Asia-Pacific: International Conference on Nonlinear Science*, 1999.

22. Chen YS, Ma JH, Liu ZR. Singular value decomposition and state space reconstructure from chaotic time series. *The third international conference on nolinear mechanics*（*ICNM-Ⅲ*）, 1998.

23. Feng SF, Liu ZR. The mechanism of controlling chaos by weak periodic perturbation. *ICNM-Ⅲ*, 1998.

24. Liu ZR, Chen F, Xu JH, Gu FJ, Liu R. A new measurement of complexity for studing EEG mutual information. *The fifth international conference on neural information processing*, 1998.

25. Liu ZR, Xu JH. The dimension of intersections among EEG time series. *Proceedings of Int Symposium "Electrical Activity Of The Brain: Mathematical Models and Analytical Methods"*, 1997.

26. 刘曾荣，田立新，卢殿臣：《弱阻尼 kdv 方程的小波 Galerkin 方程》，《MMM-Ⅶ》，上海大学出版社，1997 年。

27. 刘曾荣，杨凌，罗经国：《一维映射的牵引控制》，《MMM-Ⅶ》，上海大学出版社，1997 年。

28. 刘曾荣：《非线性科学若干问题》，《MMM-Ⅵ》，苏州大学出版社，1995 年。

29. 刘曾荣，王冠香：《一维 k-s 方程的广义惯性流形》，《MMM-Ⅵ》，苏州大学出版社，1995 年。

30. Liu ZR, Tian LX, Lu PC. Inertial manifold, attractor and estimate of fractal dimension in nonlinear mechanics system. *Proceeding of second ICNM*, 1993.

31. Liu ZR, Xu MJ, Tian LX. Attractor of dissipative soliton equation with perturbation parameter. *Proceedings of second ICNM*, 1993.

32. 刘曾荣:《Sine-Gordon 方程的广义惯性流形和动力学行为》,全国一般力学与现代数学方法学术会议,科学出版社,1992 年。

33. Liu ZR. The Melnikov's method about quasiperiodic bifurcation. *Proceedings of the international conference on bifurcation theory and its numerical analysis*, 1989.

34. Liu ZR. Mechanical meaning of Melnikov function. *Proceedings of ICVPE*, 1986.

35. Liu ZR, Tang JN. The bifurcation and chaos in planar plundum under small perturbation. *Proceedings of ICVPE*, 1986.

36. Liu ZR, Xu ZY. Region of subharmonics and ultrasubharmonics in soft spring Duffing equation. *Proceedings of ICVPE*, 1986.

37. Liu ZR. Some bifurcation and chaotic phenomenon in the soft spring Duffing equation. *Proceedings of ICNM*, 1985.

38. Liu ZR, Lin C, Li JB. Subharmonic bifurcation and chaotic behavior in synmetric planar quadratic Hamilton system with periodic perturbation. *Proceedings of ICNM*, 1985.

三、刘曾荣教授承担的主要科研项目

1. 国家自然科学基金项目(842888),分叉,混沌及其在物理,力学上的应用,1985 年 1 月—1987 年 12 月,参加。

2. 国家自然科学基金项目(8688517),人脑功能的非线性动力系统的研究及专用计算机的研制,1988 年 1 月—1990 年 12 月,参加。

3. 国家自然科学基金项目(18975056),生命系统中非线性动力系统的对称破缺,1989 年 1 月—1991 年 12 月,参加。

4. 国家自然科学基金项目(19074039),奇怪吸引子结构及耦合型映射的动力学研究,1991 年 1 月—1993 年 12 月,负责。

5. 国家科委的攀登计划项目(国家科委重大项目),非线性科学,1993 年 1 月—1997 年 12 月,参加。

6. 国家自然科学基金项目(19472043),图案动力学方法初探,1995 年 1 月—1997 年 12 月,负责。

7. 国家自然科学基金项目(19872044),时空动力学的几个问题,1999 年 1 月—2001 年 12 月,负责。

8. 国家自然科学基金项目(10171061),动力学研究中的一种新方法——反可积极限方法,2001 年 1 月—2004 年 12 月,负责。

9. 国家自然科学基金项目(10372054),混沌控制和同步中的几个问题,2004 年 1 月—2006 年 12 月,负责。

10. 国家自然科学基金项目(10672093),用同步,自适应和网络研究复杂系统的共性——涌现,2007 年 1 月—2009 年 12 月,负责。

11. 国家自然科学基金重点项目(10832006),复杂网络动力学与控制及其在航空航天中的应用,2009 年 1 月—2012 年 12 月,负责。

12. 国家自然科学基金项目(11172158),复杂网络研究中的二个理论问题,2012 年 1 月—2015 年 12 月,负责。

刘曾荣教授所获证书

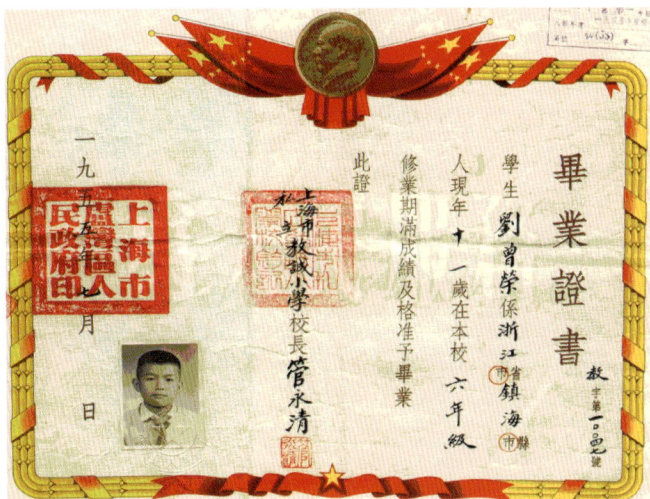

小学毕业证书

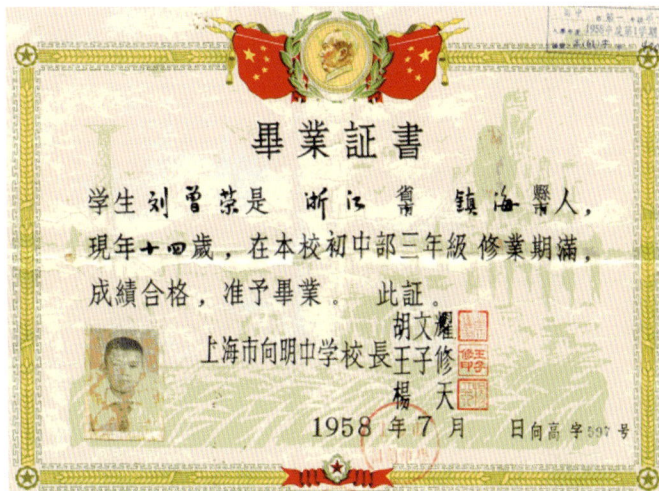

初中毕业证书

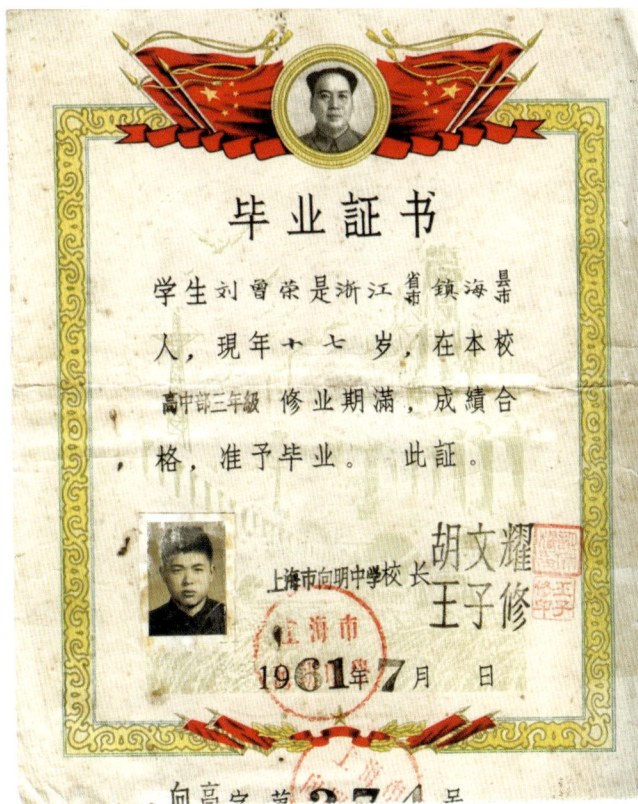

高中毕业证书

大学毕业证书

学生 刘曾荣 系浙江镇海人，现年廿四岁，一九六一年九月至一九六七年九月在本校 物理 系 物理 专业（原五年制）本科学习期满，准予毕业，特发给毕业证书。

华东师范大学革命委员会

第 605 号

一九六七年十月 日

研究生毕业证书

研究生 刘曾荣 系上海省 县（市）人，现年三十八岁，于一九七八年十月入本校 数学 系基础数学专业学习三年按研究生学习计划完成全部学业，成绩及格，准予毕业。

校长 孙陶林

证书登记字第0044号

一九八一年十二月十一日

研究生毕业证书

硕士学位证书

刘曾荣系 上海市 人，一九四三年九月一日生。在我校已通过硕士学位的课程考试和论文答辩，成绩合格。根据《中华人民共和国学位条例》的规定，授予 理学 硕士学位。

校 长

学位评定委员会主席

证书编号 192002

一九八二年十二月廿三日

硕士学位证书

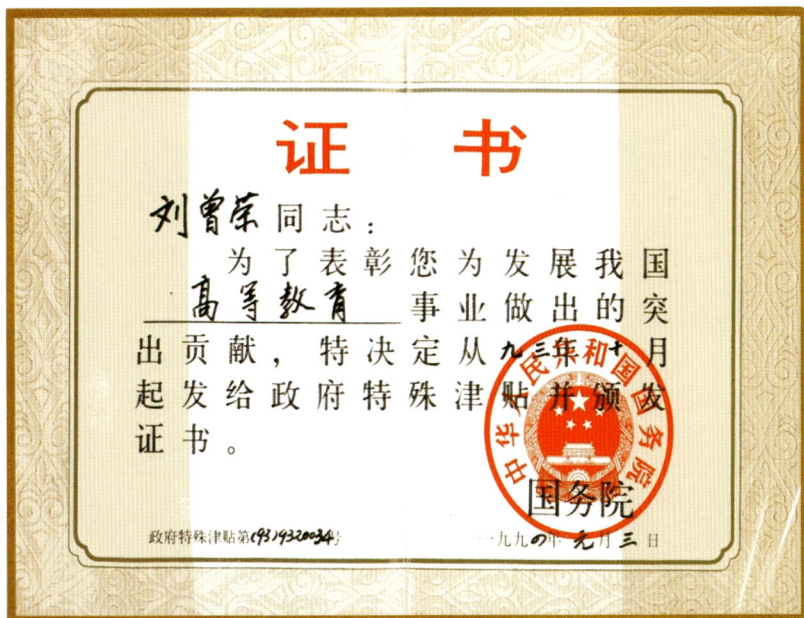

国务院政府特殊津贴证书

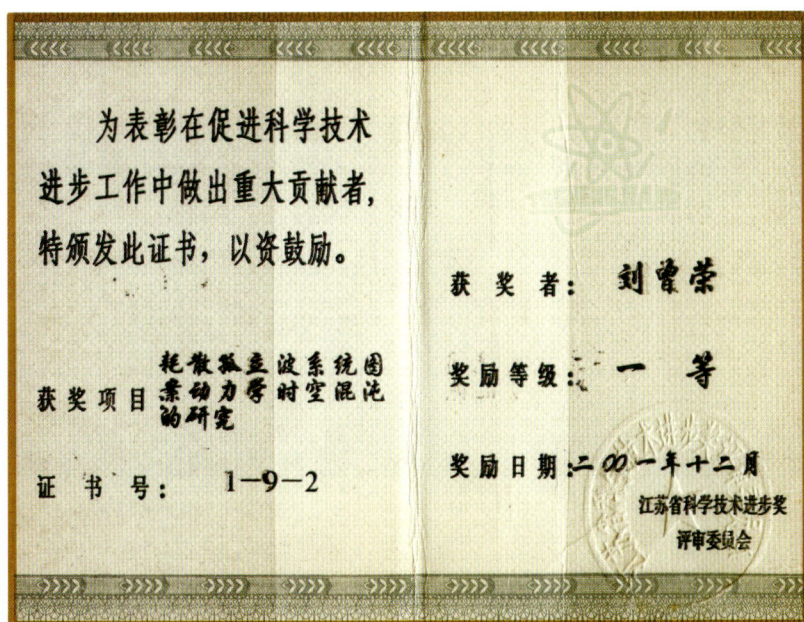

江苏省科学技术进步奖一等奖证书

上海市科学技术进步奖二等奖证书

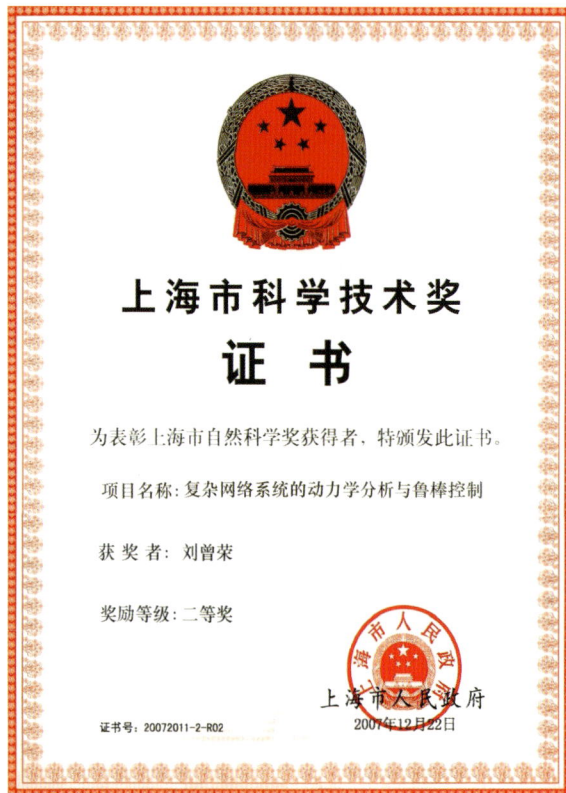

上海市科学技术奖二等奖证书

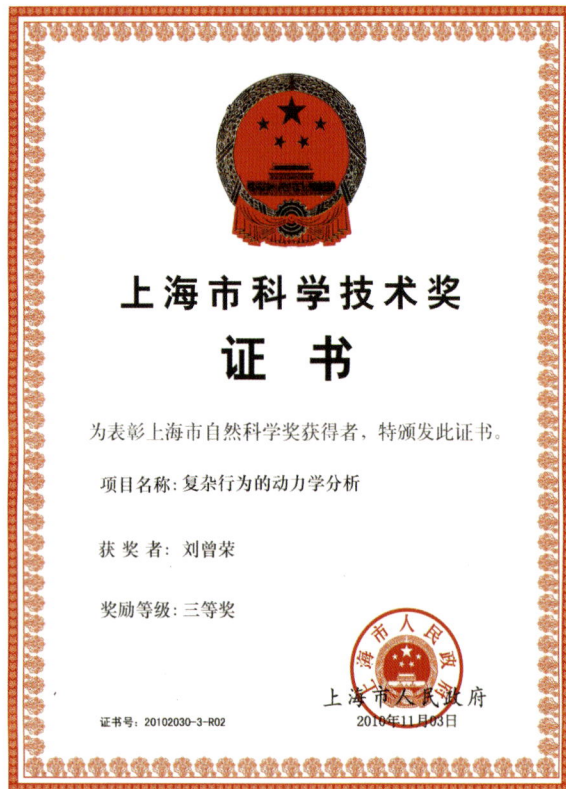

上海市科学技术奖三等奖证书

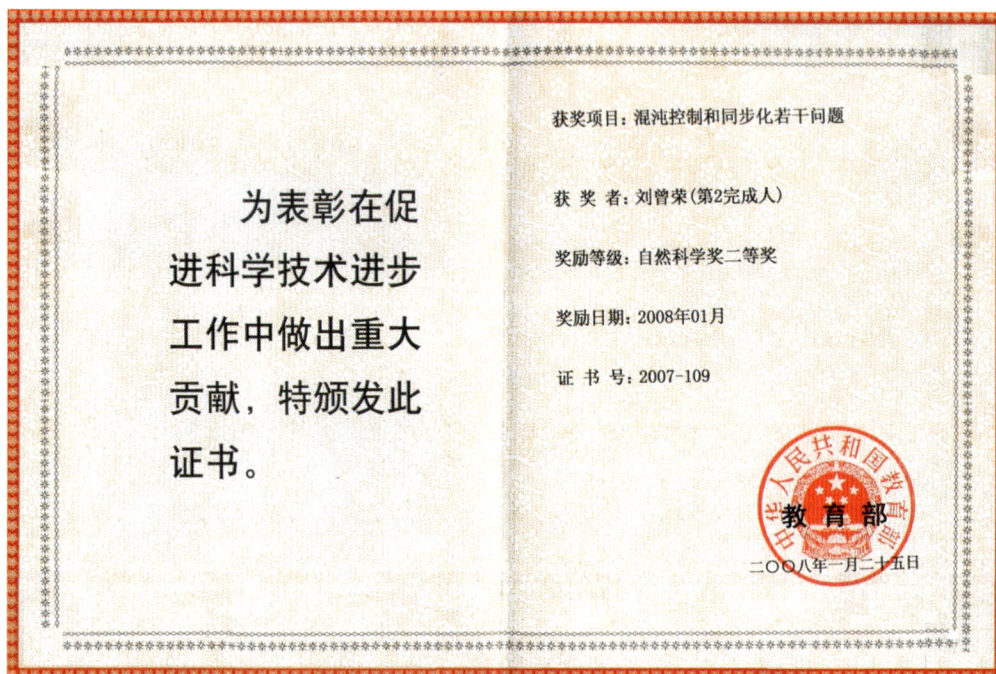

教育部自然科学奖二等奖证书

刘曾荣教授人生掠影

一、成长历程

小学读书期间留影

高中读书期间留影

1966年在北京留影

1968 年—1978 年山西大同
工作期间留影

1975年在北京留影

1968年全家福

1972年全家福

峥嵘岁月

硕果累累

035

1975 年结婚照

60 岁生日全家合影

在澳洲与女儿一起庆祝 66 岁生日留影

2004 年与妻子重返山西大同

2004 年重返山西大同留影

1955 年与小学同学合影

58 届向明中学初三（六）班全体同学合影

峥嵘岁月 硕果累累

1961 年向明中学高三(八)班合影

1965 年在上海印刷学校教学实习时与同学合影

1965 年在崇明庙镇五大队与同学合影

1966 年在北京与同学合影

1974 年在山西大同送同事调离时合影

1968 年—1978 年在大同一中工作时与部分教师合影

1974 年与大同一中部分学生合影

1977 年送大同一中学生陈建相赴北京大学时留影

1980 年在安徽大学与导师及师兄弟合影

1980 年在安徽大学与导师及师兄弟合影

与李继彬、林常攻关 Chaos 时合影

2010 年游澳门留影

2010 年与妻子游澳门留影

2010 年游黄果树瀑布留影

2010 年游香港留影

2006 年游敦煌留影

2011 年与妻子游雁荡山留影

2011 年与妻子游河南花园口留影

2010 年在云南师范大学做报告留影

2007 年访问大阪置业大学留影

2009 年在哈尔滨工业大学留影

2004 年在加拿大 Guelph 大学留影

2002 年在江苏大学讲学留影

2010 年在江南大学讲学留影

2006 年在美国白宫留影

2006 年在美国纽约留影

2006 年访问联合国留影

2004 年游尼亚加拉瀑布留影

2008 年在日本东京大学留影

2009 年在台湾"中央大学"留影

2006 年在武汉大学留影

2005 年在厦门大学留影

峥嵘岁月

硕果累累

2005 年在南洋理工大学工作时留影

2007 年在大阪置业大学留影

2004 年与妻子去悉尼看女儿留影

1993 年在意大利与前南斯拉夫边境站留影

2011 年与台湾"中央大学"开展两所交流时留影

二、会议合影

1997 年全国现代数学和力学学术会议合影

2003 年无锡网络会议合影

2005 年上海大学"四强骨干"教师在湖州合影

2009 年台湾"中央大学"学者来访时留影

1994 年江苏省数学高评委组合影

1996 年江苏省自然科学基金评审组合影

1993 年"非线性科学"攀登计划项目成果报告会代表合影

2012 年《应用数学与力学》编委会合影

三、师生情重

2001 年与陈芳跃在金华合影

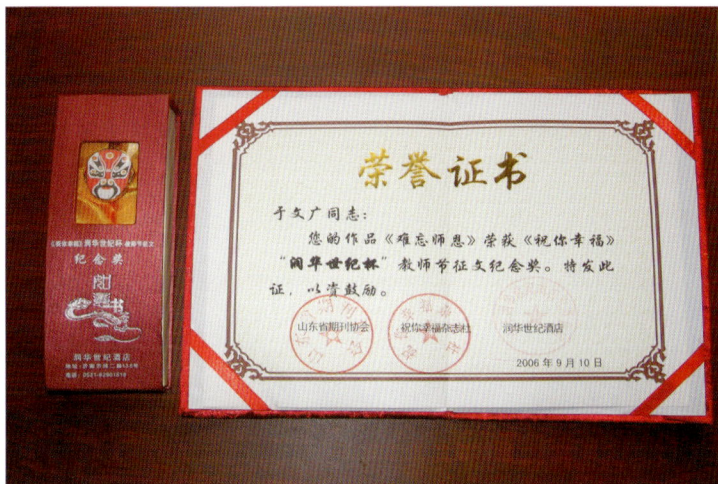

于文广《难忘师恩》一文征文获奖证明

2005 年林怡平答辩会成员合影

2012 年西安力学会议师生合影

2009 年游普陀师生合影

2008 年师生北京合影

2005 年师生合影

2003 年浙江象山师生合影

2003 年浙江象山师生合影

四、友谊长青

20 世纪 80 年代末与导师许政范教授及戴世强教授等合影

20 世纪 90 年代初与导师许政范教授合影

20 世纪 80 年代末与戴世强教授合影

20 世纪 80 年代末与李家春院士合影

20 世纪 80 年代中期,美国布朗大学谢定裕教授来访时与全家合影

20 世纪 80 年代中期与谢定裕教授、戴世强教授合影

20 世纪 80 年代末与徐京华教授合影

2011 年在杭州与陈关荣教授合影

2002 年在承德与陈关荣教授、陈天平教授等合影

20 世纪 80 年代末与中国科技大学汪秉宏教授合影

20 世纪 80 年代末与陈予恕院士、汪秉宏教授合影

20 世纪 80 年代中期与黄克累教授、陆启韶教授合影

2009 年与李弘谦教授合影

20 世纪 80 年代中期与凌复华教授等合影

2007 年与陈洛南教授合影

2001 年与谢惠民教授等合影

20 世纪 90 年代中期与美国伯克利大学徐皆苏教授合影

2009 年与陈涵馥院士合影

20 世纪 90 年代初期与中国科学院谈庆明教授合影

2011 年在杭州与师兄李继彬教授合影

2011 年与师弟徐振源教授合影

2007 年与陈天平教授、陈启宏教授合影

2002 年在澳洲出席学术会议时与部分代表合影

20 世纪 90 年代初与南京大学罗定军教授合影

2004 年与华中科技大学廖晓新教授合影

2004 年与加拿大刘星芝教授合影

2002 年与华中科技大学关冶洪教授合影

2002 年与北京科技大学闵乐泉教授合影

2006 年在芝加哥与伊利诺伊州理工学院段金桥教授合影

2009 年与同济大学徐鉴教授合影

2010 年与北京大学耿志勇教授合影

20 世纪 90 年代初与戴世强教授、曹永罗教授合影

2003 年参加无锡网络会议时与朋友合影

2007 年与娄有轼、刘永明师兄弟合影

2009 年 55 届教诚小学同学聚会合影

58 届向明中学初三（六）班同学离校 50 年合影

2006 年 61 届向明中学高三(八)班同学聚会合影

华东师范大学物理系 66 届同学专业分班进校 50 年合影

桃李天下，群星璀璨

博 士

篇

老师的呼唤

王冠香

我于1990年9月考入苏州大学数学科学学院就读研究生。入学后没多久，导师姜礼尚先生考虑到无穷维动力系统是当时的研究热点，就联系了动力系统专家刘曾荣教授具体指导我的学习和科研，从而使我有幸成为姜先生、刘先生联合指导的学生。

刘老师本人的科研工作极其活跃，同时对我们学生也极其负责、严格要求。我本是一个很懒惰的人，学习基本上不温不火。刘老师开始指导我之后，我的舒服日子结束了。那时，我住在数学院办公大楼对面的子实堂，全楼的人都非常熟悉"王冠香！王冠香！"的高声呼唤，那是刘老师又在叫我。由于担心我偷懒，刘老师几乎每周都要来子实堂好几次。每次来，刘老师并不上楼，而是在楼下的马路边高声呼唤我。听到老师的呼唤，无论我是在睡懒觉还是在打扑克，都只好立即跳起，冲下楼去，聆听老师的指点和督促。老师是著名的大嗓门，在全国各地做过许多场充满激情的学术演讲，其大嗓门也是学术

办公室留影

界众人皆知的。很快，子实堂的研究生兄弟们就熟悉了刘老师声如洪钟的呼唤声，也越来越多地向我投来羡慕的目光——有一个如此负责的导师是非常幸运的。

在接受刘老师指导期间以及之后的交往中，老师给予了我数不清的帮助和指点，使我真正开始步入科研的门槛。但20年后的今天，最让我记忆犹新的还是老师的呼唤！每当想起刘老师，"王冠香！王冠香！"的洪亮声音就清晰地在耳旁响起。这一声声的呼唤，是对我的激励和鞭策，充满了对我的关怀和希冀；这一声声的呼唤，伴随着我在苏州大学的岁月，催促着我的成长；这一声声的呼唤，让我深刻体会到老师诲人不倦的教育精神；这一声声的呼唤，折射出老师勤奋严谨的学术精神；这一声声的呼唤，使我不知不觉中以老师为榜样，不仅在学术研究上，也在做人做事上；这一声声的呼唤，伴随着我此后的人生，鼓舞着我不断向前。

时光荏苒，20年转眼而过。虽然还能时常见到刘老师，但不能时时陪在老师身边，倾听老师教诲，还是很感遗憾。适逢老师70华诞，再次想起和老师共处时的点点滴滴，心中温馨满溢。老师对学生的各种关心和爱护，想必各位师兄弟皆有详述，唯有我所享受的"老师的呼唤"，应该是独一无二的，特此与各位老师和师兄弟分享。

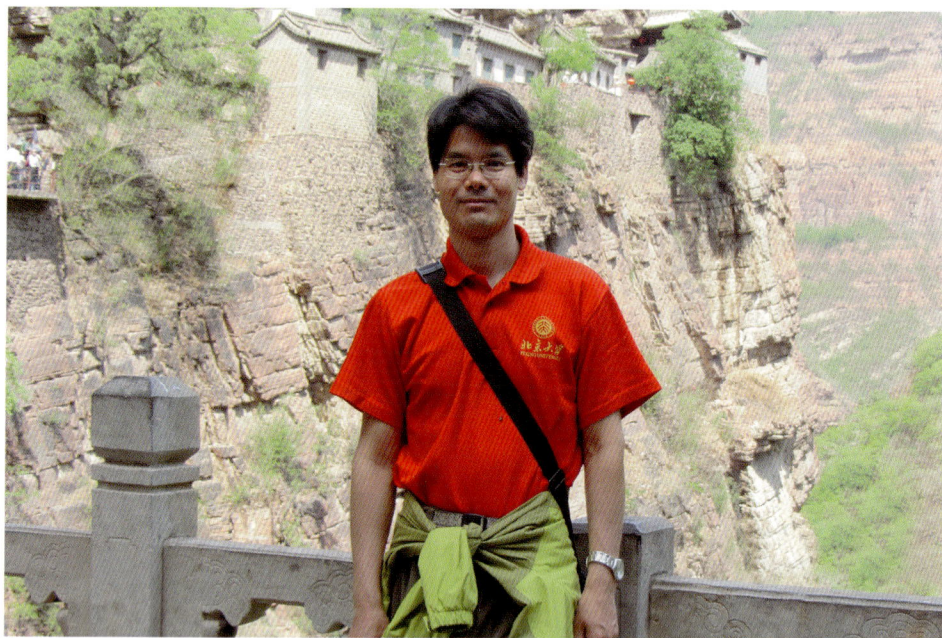

山中留影

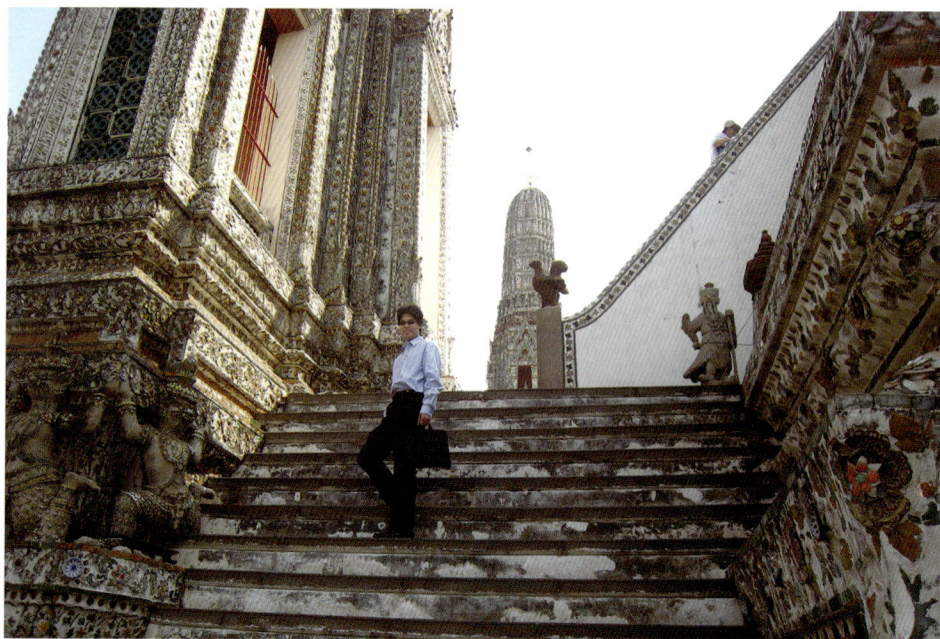

泰国留影

个人简介

王冠香，1990 年 9 月—1996 年 6 月在苏州大学就读。现为北京大学数学科学学院教授。

师生情深　师恩难忘

田立新

值此刘曾荣老师 70 华诞暨执教 47 周年之际，忆师生情，倍感心潮澎湃。岁月如歌，师恩难忘。我是刘老师的第一位博士生，1996 年 9 月入学，入学时从事应用数学专业无穷维动力系统方向的研究。1996 年正是无穷维动力系统快速发展时期，我们毅然选择了这一既难又有趣的研究领域。正是博士阶段的学习，充实了我动力系统、偏微分方程、数学物理等研究领域的知识，在刘老师那儿养成了严谨治学和踏实做学问的科研品质。1998 年底提前攻读完成我的博士学位。回首往事，从内心感谢刘老师的指导。今天我也成为一位博导，我也时常像刘老师要求我一样要求我的学生。

有人说："老师的生命是一团火，老师的生活是一曲歌，老师的事业是一首诗。"那么，我们的恩师——刘教授的生命，更是一团燃烧的火；刘教授的生活，更是一曲雄壮的歌；刘教授的事业，更是一首优美的诗。

刘教授在人生旅途上，风雨沧桑 70 载，为教育事业，兢兢业业、勤勤恳恳、呕心沥血奉献了 47 个春秋。岁月年轮勾刻了皱纹，三寸粉笔染白了双鬓，正是您的辛勤汗水，浇灌了桃李满天下，正是您的无私奉献，铸就了灿烂辉煌！

江苏大学留影

时光匆匆，岁月如歌！我们的发展离不开老师的谆谆教导，言传身教。有人说：遇到好领导，顺利一生；遇到好朋友，快乐一生；遇到好爱人，幸福一生；遇到好时代，平安一生。而我要说：遇到好老师，成就一生！

感谢您，教给我们做人的道理，使我们始终能以积极、向上的态度面对生活中发生的一切。

感谢您，对我们学业上的殷殷教诲，使我们有了自己的立身之本。

2007 年哈佛大学留影

您的生命、您的青春、您的热情，在青年时喷焰闪光，在壮士暮年时流霞溢彩，我们为有您这样的恩师而自豪！您的青春将在我们身上延续，您的热情将会发扬光大，您的敬业精神将永远鼓舞我们克服困难，勇往直前！

谁道人生无再少，夕阳正红无限好！在您 70 华诞之际，祝您福如东海长流水，寿比南山不老松。

送上一副对联给刘曾荣教授：

上联：执教育人，甘做人梯，以人为本人才俊

下联：从师倡德，常垂德范，立德当先德望高

横批：师恩难忘

个人简介

姓名：田立新，男，汉族，1963 年 7 月出生，江苏省姜堰市人。

主要经历：1983 年毕业于华东师范大学数学系，获理学学士学位；1998 毕业于苏州大学数学系，获理学博士学位。1993 年破格晋升为副教授，1997 年破格晋升为教授，2000 年起任江苏大学博士生导师。2001 年担任江苏大学理学院副院长，2002 年—2008 年 7 月担任江苏大学理学院院长，2008 年 7 月—2012 年 7 月担任江苏大学副校长、党委常委，期间担任江苏大学非线性科学研究中心常务副主任，江苏省哲学社会科学重点研究基地：江苏大学能源发展与环境保护战略研究中心主任，江苏大学江苏省重点学科系统工程博士点学科带头人，江苏大学数学学科带头人。2012 年 7 月 20 日起担任南京师范大学副校长、党委常委。兼任江苏省工业与应用数学学会副理事长，江苏省系统科学学会副理事长，国际能源经济学会中国委员会副理事长，中国双法学会复杂系统专业委员会副理事长，Inter. J. Nonli. Sci. 杂志常务副主编。

主要业绩：先后主持国家自然科学基金 9 项，已完成 6 项，其中有 3 项为国家自然科学基金重大研究计划项目；先后主持国家社会科学基金项目 2 项，已完成 1 项，其中有 1 项为国家社会科学基金重大项目。先后主持省部级项目 30 多项。在国内外发表专业学术论文 150 多篇，被 SCI 检索 90 多篇，专著 3 部。作为负责人获江苏省科技进步奖 2 项，其中一等奖 1 项（2001 年）、三等奖 1 项（2009 年）；获上海市科技进步奖二等奖 2 项（2001 年、2007 年）；作为负责人获机械工业科技进步奖二等奖 2 项（2008 年、2011 年）；作为负责人获江苏省哲学社会科学奖 3 项，其中二等奖 1 项（2005 年）、三等奖 2 项（2001 年、2007 年）。

先后主持国家、省级教学改革项目 6 项。获江苏省

2006 年麻省理工大学留影

高等教育教学成果一等奖1项(2011年),先后获新世纪百千万人才工程国家级人选,全国优秀教师,三次入选江苏省"333高层次人才培养工程"第二层次中青年领军人才培养对象,教育部全国高等学校优秀骨干教师,教育部高校青年教师奖,国务院政府特殊津贴,霍英东教育基金会青年教师奖,江苏省"六大人才高峰"优秀人才,江苏省普通高校跨世纪学术带头人培养人选。

主要研究兴趣:非线性色散波方程解的理论分析及应用,动态大系统建模及控制,能源经济系统工程。

联系电话:(025)85891868,83598569

电子邮箱:*tianlixin@njnu.edu.cn,tianlx@ujs.edu.cn*

通信地址:南京师范大学校长办公室 210046

2006年日本京都大学留影

读博岁月

刘玉荣

弹指一挥间,我从苏州大学(以下简称苏大)博士毕业已 10 年有余。但博士期间的学习和生活经历依旧历历在目,成为我人生最美好的回忆,特别是刘老师敏捷的思维和深邃的思想一直深深地影响着我……

英国 Warwick 大学留影

我读博士算比较迟,1998年入学那年我已 35 岁。在此之前,我已经在扬州大学工学院工作了整整 10 年。那时扬州大学工学院是一所教学型本科学校,由于教学任务较重,加上自己松懈,根本无暇从事学术和科研活动。直到 1996 年,我去苏大参加本科毕业 10 周年同学聚会活动,才产生了读博士的念头,我的一位本科辅导员建议我读刘老师的博士。说实在的,此时我已荒废学业多年,基础薄弱,所以初见刘老师,心情有点忐忑。没想到,一见刘老师我便打消了顾虑。那天,刘老

师热情地接待了我,在了解了我的情况之后,鼓励我认真复习、准备报考,并勉励我无论是学习还是工作都要勤奋和踏实。刘老师渊博的学识和热情的态度给我留下深刻的印象。经过一年多时间的复习,我终于在 1998 年被苏大录取为应用数学博士生,秋季入学。

由于读博之前没有先期的研究工作积累,因此我的博士阶段注定是艰辛的。苏大当时规定,博士毕业的一个前提条件是必须通过大学英语六级考试。这对那些年轻博士们来讲也许不算什么,但对我们这些大龄博士来说无疑是一个挑战。记得入学第一学期,除了正常参加学位课程学习以外,我每天都会花大量的课余时间学习英语:记单词、做练习、强化英语听力训练。经过一个学期的努力,我终于顺利通过了大学英语六级考试,并取得不错的成绩。但真正的挑战来自于专业学习。我

博士入学前,刘老师已经从苏大调到上海大学嘉定校区。在我入学的第一学期,刘老师去香港访问。在香港访问期间,刘老师非常关心我在苏大的情况,经常写信"遥控"并不断寄些文献让我阅读。与此同时,我也参加了(旁听)苏大数科院举办的动力系统讨论班。在阅读文献时会遇到许多问题,参加讨论班时也有问题听不懂。此时,内心一度非常苦闷,但我已暗暗下定了决心:绝不知难而退,而是迎难而上。刘老师从香港回来之后,经常找我谈心,了解我学

桂林留影

香港城市大学留影

习情况,向我推荐一些有价值的文献,并与我讨论文献阅读中遇到的一些问题。与刘老师的每次见面都会带给我启发和收获。那时,我经常往返苏州与嘉定,虽然辛苦点,但心里感到非常踏实。在我博士论文撰写期间,刘老师更是倾注了大量的心血。从论文选题,到论文结构组织和修改都进行了悉心地指导。2001年6月,我终于顺利通过了论文答辩,获得了期盼已久的博士学位。

回顾读博岁月,那是我一段永远抹不掉的记忆。尽管由于我薄弱的基础,博士阶段的工作也许非常平凡,但在读博阶段,从刘老师那儿学到的知识和严谨的治学态度是我一生中最大的财富。在此,我要向我的恩师——刘老师表示衷心的感谢!在攻读博士期间,田立新教授、曹永罗教授、秦文新教授、杨凌教授等也给了我不少关心、帮助和支持,我也借此机会向他们表示衷心的感谢!

英国 Brunel 大学留影

个人简介

姓名:刘玉荣,1964 年 1 月生,江苏兴化人。

主要经历:

1998 年—2001 年,在苏州大学应用数学专业攻读动力系统方向博士学位。

1989 年至今,在扬州大学数学系任教。

2003 年—2004 年,在英国 Warwick 大学做访问学者。

2006 年、2007 年、2011 年,3 次应邀赴英国 Brunel 大学进行合作研究。

2011 年、2012 年,两次应邀赴香港城市大学进行合作研究。

主要业绩:主持两项国家自然科学基金项目研究,主持两项江苏省自然科学基金项目研究,发表论文 40 余篇。

主要研究兴趣:非线性动力系统,复杂网络及应用。

联系电话:(0514)87333347

电子邮箱:liuyurong@gmail.com

通讯地址:扬州大学数学系　225002

记刘曾荣师

杨 凌

　　"Idea! Idea! Idea!"——这是我对刘老师最深刻的印象。他洪亮的声音,总在不断强调着"新想法"的重要性!

　　第一次正式与刘老师接触是在1994年,我读硕士时与刘老师的研究生丰世富一起聆听过他的教诲。从此之后时断时续,至今十六七年来一直不断地从刘老师那里获取营养。事实上,刘老师教给我们的远不止科学知识,更重要的是他对学术热点和新思想、新方法所具有的敏锐的洞察力。

　　刘老师在课堂上极有魅力——双眼炯炯有神,声如洪钟,讲得兴味盎然。让你觉得那些课题、思想有趣极了,连那些抽象公式也活跃起来。至今还记得他给我们讲混沌控制时,对文献掌控自如,反复辩难,让人感觉像在听一场激烈精彩的辩论赛。听者的思维会不由自主地随他的思想火花儿跳跃,并情不自禁地加入辩论中。及至自己当了老师,回忆起刘老师对我们的教诲,才发现他把自己求学研究的轨迹融化提炼,金针度人,毫无保留,让我们少走了许多弯路,如此使我们得到治学的训练并养成良好的习惯,真是难能可贵!

　　刘老师做研究最令人佩服的地方是他往往能够非常快地抓住问题的重点,并一针见血地指出解决思路,而不纠缠于细节。刘老师思路清晰缜密,思维敏捷,见解深邃独到。在讨论文献时刘老师深入浅出,往往很快就在繁复的公式中点出核心,如一缕阳光穿透迷雾而光明立现,令听者醍醐灌顶。而讨论完文献之后,刘老师又能极

2004年于斯坦福留影

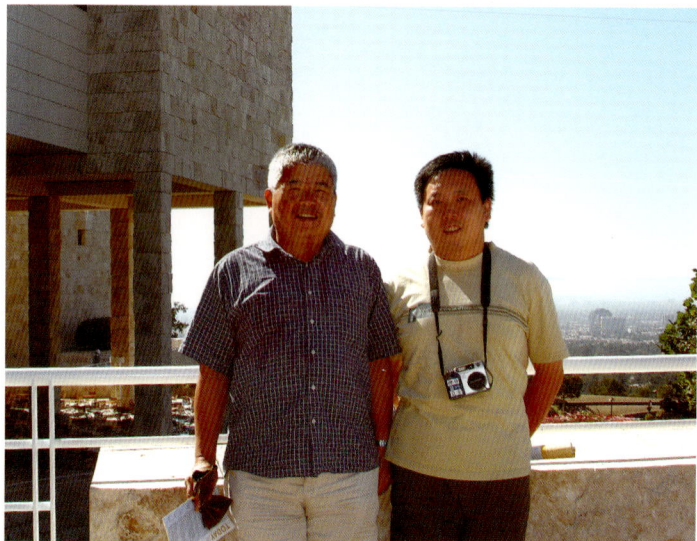
2007年在洛杉矶与刘曾荣教授合影

敏锐地抓住文章遗留的或有启发性的问题，犹如猎豹扑倒猎物般的快、稳、准、狠，令人惊叹不已。随刘老师作研究时，有时思路陷入深潭泥沼，有上天无路，入地无门之感，这时候，刘老师往往几句话就能点醒梦中人，有拨云见日之效。"如沐春风"是刘门弟子跟刘老师谈话后的共同感受，对于我们这些有幸接受刘老师言传身教的学生而言，这种幸运的感觉是终身难忘的。

我1999年进入上海大学师从刘老师攻读博士学位，主要研究混沌控制。混沌控制课题在当时还是国际上的一个研究热点。刘老师敏锐地抓住这个机会，指引我们敞开思路，放手研究。

这里我由衷钦佩刘老师对学生的鼓励和信任。作为一个学生——一个刚进入研究领域的新手，难免幼稚和毛糙。刘老师没有因此而批评或抑制我的一些幼稚的思想，反而乐于倾听，并鼓励和引导我把这些不成熟的想法发展和完善。最后在刘老师指导下我取得了较好的成果。现在回想起来，如果没有刘老师当时的包容、鼓励和引导，这些研究成果是无法取得的，从而也不会有后来进一步发展的机会。

由于在刘老师指导下，有了较好的研究基础，2002年我博士毕业后去美国做博士后。受刘老师的影响，我认识到生命科学将是非线性动力学的广阔舞台。所以我选择去医学院的实验室做博士后，从事生物系统的模型研究。当时作为一个年轻人，我仍然对改换方向抱有一些担心。没想到2007年刘老师来美国访问时，我得知刘老师也已经改做系统生物学研究了！没想到一个年过花甲的老师，也能够这样义无反顾地进入自己完全陌生的研究领域，这需要多大的勇气啊！事实上，这些年来刘老师一直身体力行他对我们的教诲，总是抓住最重要、最有意义的课题，义无反顾，勇猛前进。

因为现在与刘老师同在系统生物学新领域中摸索，这使我回国后又和刘老师有了更多的共同话题，也有更多的机会求教获益。刘老师做研究从不流于表面，而是做一样像一样。进入新的系统生物学领域，刘老师最注重的就是做出生物学家认可的真正有价值的工作。他最反对的就是旧瓶装新酒——把原有知识、方法改头换面，套上生物学的内容，以达到发文章的目的。这种学术精神，在当今以文章（尤其是文章篇数）衡量一切的风气中，尤其难能可贵。

师从刘曾荣教授，是我学习历程中极重要的机遇。刘老师对新问题新思想的超敏锐的洞察力，以及他在新领域中做一样像一样的深入执著精神，一直

2008年于UCLA留影

2012 年在西安与刘曾荣教授合影

是我学习的榜样。

"桃李不言,下自成蹊",用这句话形容刘老师再恰当不过。刘老师桃李满天下,让众多弟子感念不已的不仅是他高深渊博的学问,更是他深入执著的精神。惟愿刘老师与师母身体健康、快乐一如往昔!

个人简介

姓名:杨凌,1971 年 4 月生,江苏苏州人。

主要经历:

1994 年—1997 年,在苏州大学应用数学专业攻读动力系统方向硕士学位。

1999 年—2002 年,在上海大学应用运筹与控制专业攻读动力系统方向博士学位。

2002 年—2008 年,在美国 UCLA 心脏实验室作博士后、统计师。

2008 年至今,在苏州大学数学学院(系统生物学研究中心)任教。

主要业绩:主持 1 项国家自然科学基金项目研究。发表论文多篇,其中关于混沌控制方面的论文(刘老师指导)发表在 *Physical Review Letters*,关于生物系统模型的论文发表在 *Biophysical Journal*(Cell 的子杂志)、*Cell Death and Differentiation*(Nature 的子杂志)及 *Journal of Biological Chemistry* 等杂志上。

主要研究兴趣:生物系统的模型与分析,混沌及控制。

联系电话:13913152842

电子邮箱:lyang@ suda. edu. cn

通讯地址:江苏省苏州市苏州大学数学学院　215006

师生情

郑永爱

连云港连岛留影

1998 年，师兄刘玉荣邀请刘曾荣老师到扬州讲学，我幸运地第一次遇到了日后成为我的博士生导师的刘老师。记得当时听了报告后，我怀着忐忑不安的心情找到刘老师，希望他能收我作学生。与刘老师进行了简短的交流之后，他很严肃地说，如果努力，也许有在一起学习的机会，并让我回去准备参加第二年的上海大学博士生入学考试。1999 年，我成了刘老师的一名博士生。

读博期间，因为刘老师刚从苏州大学调入上海大学，没有自己的学术团队，所以刘老师都是亲自给我们上课和指导论文阅读。刚开始听他的课时，由于我硕士与博士之间所学的方向差别较大，再加上基础较差，听课总有困难。每遇听不懂的问题，刘老师总是不厌其烦地给我讲解，直到我搞明白为止。刘老师指导论文更多的是从研究方向和研究热点上加以引导，而不满足某篇文章的具体阅读，因而表面上好像没有具体指导，实际上他在培养我们自己独立搞科研的能力，这一点现在可以从刘老师培养的学生所取得的成就得到证明。

刘老师非常刻苦，读的文献很多，所以他总能把握自己研究方向上的热点，这令我们非常佩服。他带领大家做了很多研究，在国际杂志上发了不少文章。刘老师对他的学生也是非常严格的，我们写的不管是小论文还是最后的毕业论文，他都要反复修改。有一次他从香港回来让我们在办公室等他，我因故没去，刘老师狠狠地训了我一顿。他让我专心学业，在专业研究上更要做到心无旁骛，这使我后来花了更多的时间在研究上，顺利地完成了博士学业。

刘老师也非常爱护学生。读博期间，有一次我妻子生病在南京住院，他知道后，主动批给我两个星期假，叫我安心照顾好妻子。当时正值中国企业转型时期，我妻子工作的企业境遇困窘，于是她决定考研以转换环境，刘老师得知后给予了很大的关心和支持。我对此深为感激。

我博士毕业到现在已经10年了,这期间刘老师的弟子们桃李争艳,取得了不俗的成绩,而我因为妻子读研,儿女年幼,在照顾家庭上分散了很多的时间和精力,因此,与刘老师的其他弟子比起来,我这些年颇为落后。我还清楚地记得在读博后期,当我连续有两篇论文被SCI国际期刊录用时,刘老师欣喜地对其他老师提及的情景。我多么希望在10年后的今天刘老师提到我这些年的成绩时也能流露出欣慰的神情。当刘老师得知我还没有拿到国家自然科学资金时,并没有责备我,而是鼓励我继续努力,不要灰心。

扬州荷花池公园留影

刘老师经常应邀来扬州讲学,每次他都给我们带来新的学术思想,新的研究动向。当然,我都会尽我最大可能去招待导师,任何时候随叫随到,也一定要找机会请他吃扬州的美食,尽一份弟子的拳拳之心。

连云港海边留影

值此刘老师70华诞之际,学生祝您健康长寿!

个人简介

姓名:郑永爱,1966年8月生,江苏兴化人。

主要经历:

1999年—2002年,在上海大学运筹学与控制论专业攻读动力系统方向博士学位。

1993年—2012年,在扬州大学信息工程学院任教。

主要业绩:主持4项厅、校级基金项目研究,发表论文40多篇。

主要研究兴趣:混沌系统控制与同步,复杂网络。

联系电话:(0514)87340752

电子邮箱:zhengyongai@163.com

通讯地址:江苏省扬州市华扬西路198号扬州大学信息工程学院 225127

良师益友

周 进

人的一生，面临许多转折，而好的老师在关键时刻的引导对于人的顺利成长起着至关重要的作用。我很幸运，在40多年的人生旅途中遇到了许多优秀的导师，刘老师正是他们中可敬的一位，他对我的学术成长和工作生活都产生了十分重要的影响。对于刘老师十多年来的无私帮助和关怀，我一直心怀感激，正好趁老师70华诞活动机会，表达自己对老师由衷的感谢和祝福。

我与刘老师的师生情缘还要从13年前说起。那年我35岁，当时的研究方向是常微分方程理论及应用，已在国内一流的数学期刊《数学学报》等发表了多篇学术论文，取得了一些学术成就。但我觉得以自己当时的数学功底和基础，在原来的研究方向寻求更大的发展有一定的局限性。如何根据自己的实际情况，探寻新的研究方向，寻求新的学术突破，这个问题一直困扰着我。

正是在这种情况下，我接触到了刘老师的专著——上海教育科技出版社出版的非线性科学系列丛书之一《混沌的微扰判据》，这是国内系统介绍混沌的解析判据的第一部学术专著，在国内非线性动力学领域具有较大的影响。我细细拜读后，有种豁然开朗的感觉，刘老师研究方向既有经典的一面，同时又走在了时代的前沿领域，尤其是以混沌为代表的非线性科学的交叉学科的研究特色极大地引起我的研究兴趣。为此我报考了刘老师的博士生，进入他门下学习混沌与非线性动力学。从此之后，我学术生涯中一个新的阶段开始了。

在来上海之前，我仅仅在网络和书籍上见过刘老师的照片，跟他可谓素未谋面。而我与刘老师的第一次见面的情形，令我终身难忘。那是我第一次来上海，我还记得那天天色灰暗阴沉，南方特有的密雨连绵不绝，我拎着大包小包的行李，面对外面的大雨，一时手足无措。就在我困惑无助的时候，自行车车轮划破水面的声音响起，一位质朴的长者出现在我的视线中，他身上不少地方都被淋湿了，然而他没有关注自身的状况，而是问我是不是周进，之后他向我介绍说自己就是刘老师，担心我这个新学生很多事务难以处理，所以特地赶过来向我交待一些学生要注意

与刘曾荣教授合影

2003 年博士毕业典礼

的事情。这一情景一直都令我异常感动，作为刘老师当时十多位学生中的普通一员，我从未想过刘老师会如此真诚地关心我。说实话，在来上海前，我一直有些忐忑不安，担心自己不能与导师好好相处。但是来上海后，不论是刘老师冒雨前来接我的第一印象，还是之后在学术上对我的严格要求，在生活上对我的关心照顾，都让我觉得他就是那种为人朴实真诚，同时又严格认真的可敬又可爱的师长。其实不仅仅对我，他对每一个学生，都是如此，我和不少师兄弟都觉得刘老师对我们而言真可谓是良师益友。

　　正如我投入刘老师门下学习时所期待的那样，刘老师在学术思想上对我影响巨大，在跟随刘老师学习的岁月里，我能感受到他对新观点、新领域敏锐的洞察力和强烈的探索欲。他自己也教导我们在学术上要做到与时俱进，始终保持对新领域、新课题旺盛的好奇心和求知欲，只有在这种求知欲的驱使下自己才能不断前进，对学术的探索才能不断深入；要时刻关心学术界最新的学术动向，不能落后于时代的发展。受他观点的影响，我系统学习了混沌与非线性动力学的基本理论和基本知识，并以此为基础，近年来又不失时机地开始逐步转入到复杂网络动力学与控制的研究领域，并在这一领域取得了一定的学术成就，对于自己今后的学术发展也有了一个明确的规划。可以说，刘老师的学术思想，对于我的学术发展道路产生了重要的影响。

　　在我读博士的短短几年时间里，刘老师除了对我在生活上给予无微不至的关怀之外，还为我的学习和研究提供了许多便利的条件，并给我创造了宝贵的对外学术交流的机会。刘老师与时俱进的学术思想和严谨求实的治学态度无时无刻不

2011 年新加坡留影

2012 年长江三峡留影

在潜移默化地影响着我,对于我的学业成绩的进步和学术水平的提高发挥了重要作用。后来我的博士毕业论文能获得上海市优秀博士毕业论文,博士论文中的部分成果获得上海市、教育部的自然科学二等奖,这里面不可谓没有恩师的功劳。现在我自己也已经是博士生导师,在教导自己的学生时,我总是不自觉地把恩师对我的影响投注到他们身上,我相信恩师对教育的热爱和责任,对科学的探索和求真,一定能通过这种方式,一代代延续下去。

如今我与刘老师认识已逾 10 多个春秋,对于这样一位对我人生、学术产生重要影响的师长、长辈、智者,我除了作此文以作感谢外,再次祝刘老师工作愉快、身体安康、幸福快乐。

个人简介

姓名:周进,1963 年 12 月生,重庆开县人。

主要经历:2003 年 10 月毕业于上海大学,获运筹学与控制论博士学位。现为上海大学上海市应用数学和力学研究所教授,一般力学及其基础(动力学与控制)学科博士生导师。现任美国《数学评论》(MR)、德国《数学文摘》(Zbl. Math)评论员,中国一般力学学会非线性动力学与运动稳定性专业委员会委员,中国振动工程学会非线性振动专业委员会委员,中国工业与应用数学学会复杂系统与复杂网络专业委员会委员,香港城市大学国际混沌与复杂网络研究中心客座研究员。

主要业绩:自 2003 年以来,曾主持和承担国家自然科学基金重点项目、国家自然科学基金面上项目、国家自然科学基金国际合作(NSFC – JSPC 中日)项目、教育部博士点专项科研基金项目、中国国家博士后科学基金和上海市教育委员会科研创新重点项目等 10 余项国家和省部级科研项目。近年来与合作者在时滞神经网络系统动力学分析、复杂时滞动力网络系统分析与控制和非线性系统混沌控制与鲁棒同步等领域提出了一系列具有原创性的研究成果,在国际著名杂志 *IEEE. Trans. Automat. Contr、IEEE Trans. Circuits & Systems – I, Regular Paper, IEEE Trans. Circuits & Systems – II, Express Briefs, Automatica, ASME Journal of Dynamic Dystems, Measurement, and Control, IET Control Theory & Applications, Chaos, Nonlinear Dynamics、Chaos, Solitons & Fractals, Int. J. Bifurcation and Chaos, Int. J. Systems Science, Neural Networks, Neurocomputing, Physica A, Physica Letters A, Nonlinear Analysis, Applied Mathematics Letters, Appl. Math & Comput, J. Math. Anal. Appl, Dynamics of Continuous, Discrete and Impulsive Systems* 等和国内重要的权威刊物《数学学报》《物理学报》《应用数学学报》《系统科学与数学》和《应用数学与力学》等发表论文 50 余篇,其中 30 余篇以第一作者和通讯作者发表在 SCI 检索刊物。2007 年获上海市自然科学二等奖、2008 年获教育部高校自然科学二等奖和 2005 年度上海市优秀博士论文奖。2007 年获得复旦大学优秀博士后荣誉称号,2008 年获得上海大学王宽诚育才奖。

主要研究兴趣:动力学与控制,微分方程与系统控制。

联系电话:(021)56331457

电子邮箱:jinzhousu@ shu. edu. cn

通讯地址:上海市上海大学应用数学和力学研究所　200072

难忘恩师情

陈芳跃

初识导师

自 20 世纪 80 年代非线性科学在我国兴起,刘曾荣老师的名字就在许多文献杂志上不断出现,但只闻其名,还未见其人。直到 1990 年 9 月份,我在南开大学陈省身数学研究所组织的动力系统年活动上才第一次见到了久仰大名的刘老师。记得他当时演讲的内容是有关混沌的本质等非线性科学的一些重要问题,北京大学文兰教授等与会学者对刘老师的演讲产生了浓厚的兴趣,并且展开了热烈的讨论,因此,刘老师给我留下了非常深刻的印象。

求学上大

我于 1979 年浙江师范大学毕业后留校工作,1986 年从西安交通大学计算数学和应用数学助教进修班结束回学校后在工作上一直比较顺利:1987 年晋升为讲师,1991 年破格评为副教授,1996 年又顺利评为教授。1994 年开始作为"双肩挑"干部也承担着较为繁重的行政工作,当时对外交流也较少,因此,一直对自己还没有博士学位并不十分在意。到了 20 世纪 90 年代末和 21 世纪初,我国迎来了高等教育大发展,浙江师范大学的发展也十分迅速,学生规模从原来的只有几千人扩大到上万人,而且办学层次也在提高,研究生教育更是受到重视。我时任浙江师范大学研究生部主任,学校领导在多种场合中提到要不断提升办学层次和办学水平,特别提到鼓励有条件的中层干部进行在职教育从而提升自身的学历层次。这一导向也正合我意。于是我在 2001 年报考了上海大学,有幸成了刘老师的一名学生。

到了上海大学,在刘老师组织的讨论班及日常

2003 年在浙江象山与刘曾荣教授合影

2004年上海大学留影

交流中，我发现刘老师已经从当初的混沌理论研究转到非线性科学和系统生物学的交叉领域，并且取得了卓越的成就。作为一名新入学的学生，我原先只是对符号动力系统和常微定性理论有一定了解，因此深感压力巨大，真不知道从何下手以及选择什么课题。经过一段时间的基础理论学习和与刘老师的讨论后，我最终选择了细胞神经网络（Cellular Neural Networks, CNN）作为研究方向。正是在刘老师的关心和悉心指导下，我的研究工作才得以比较顺利地开展，并顺利于2004年1月通过了论文答辩并获得了博士学位，记得还是尊敬的钱伟长校长给我授予了这个学位。我当时在学位论文的后记中写下了这样的一段话："在本文完成的时候，已过不惑之年的我，为能有机会进入位于祖国东方大都市的新型高等学府——上海大学继续攻读博士学位，不禁思绪万千、心潮澎湃。首先我要深深感谢我尊敬的导师刘曾荣教授，是刘老师引导我进入了CNN这样一个前景诱人的研究领域。刘老师对本文的选题、开题及定稿各个环节付出了大量的心血。刘老师主持的系列讨论班与每个讲座，给我们创造了很好的学习环境、营造了浓厚的学术氛围。刘老师渊博的知识、敏捷的思维、严谨的治学精神以及对非线性科学本质的真知灼见给我留下了深刻的印象，并不时地激励着我对数学研究的执著追求"。这的确是当时我满怀喜悦发自内心地对刘老师真诚感激的真情流露。

丰厚收获

在上海大学的这段难忘的学习经历使我收获丰厚，至少对我的学术生涯有三方面的影响：（1）调整了知识结构。从原来的仅仅了解一些动力系统的基础知识，开拓到与其相关的一些研究领域，特别是与信息科学的一些交叉领域，如人工神经网络、布尔网络和细胞自动机理论等。（2）增强了国际学术交流。在刘老师组织的复杂网络讨论班上邀请了一些国内外著名学者，如香港城市大学陈关荣教授，美国Berkely加州大学的L. O. Chua教授等。也正是由于刘老师的推荐，我毕业后多次赴香港城市大学访问，到Berkely加州大学和

2005年香港城市大学留影

匈牙利科学院等地出席国际会议,研究工作受到陈关荣教授和 L. O. Chua 教授等著名学者的重视和好评。(3)知道了如何指导研究生,如何引导青年学生进入研究前沿,以取得有意义的成果。(4)坚持学术上的不断追求,不断拓宽研究领域和研究范围。

师生深情

从 2004 年毕业至今,刘老师仍然对我十分关心,他的博士生的论文答辩也经常叫我参加,我知道他是希望我们能够保持学术上的前沿性。有时遇到困难,导师也总是鼎力相助,如 2008 年我考虑从浙江师范大学调往具有电子信息特色的杭州电子科技大学工作,刘老师就让我参加他主持的国家自然科学基金重点项目的课题组,这使得我在新的单位有了所需要的研究项目和经费,更重要的是把这个项目作为给新单位的一个见面礼。刘老师还为我在上海大学争取博士生导师的资格。这些年来,每逢刘老师在上海组织会议,我就一定去参加;同样,我在浙江组织的会议也一定邀请他来指导。这样,师生既增强了学术上的交流,同时还不时见面、交流心得、增进感情。在刘老师 70 华诞的大喜日子里,我要再一次地深深地感谢刘老师对我的关心和厚爱,衷心祝您和师母身体健康、心情愉快、家庭幸福。

2009 年全家在苏格兰爱丁堡合影

个人简介

姓名:陈芳跃,1956 年 1 月生,浙江磐安人。

主要经历:1979 年浙江师范大学毕业留校,1987 年晋升为讲师,1991 年破格晋升为副教授,1996 年晋升为教授。1994 年任浙江师范大学数学系副主任,1999 年任浙江师范大学研究生部主任,2003 年任数理学院院长,2006 年任发展规划处处长,2009 年调杭州电子科技大学工作,任理学院特聘教授,同年任学校学术委员会副主任,2012 年任理学院院长。第九届中国教学会理事,国际电子电气工程师学会(IEEE)高级会员,上海大学应用教学博士生导师。主要学习经历如下:

1977 年—1979 年,在浙江师范大学数学专业学习;1984 年—1986 年,在西安交通大学数学系学习;1991 年 3 月—6 月,在中国科学院数学研究所访问;1996 年 6 月、1998 年 12 月,在北京大学数学系访问;2001 年—2004 年,在上海大学数学系攻读博士学位;2004 年—2012 年,每年在香港城市大学混沌与复杂网络研究中心做访问学者(2~3 个月)。

主要业绩:主持 3 项国家自然科学基金项目研究,发表论文 50 余篇。

主要研究兴趣:符号动力系统,细胞神经网络,细胞自动机理论。

联系电话:(0571)86919031

电子邮箱:fychen@ hhu. edu. cn

通讯地址:杭州市下沙高教园区杭州电子科技大学理学院　310018

忆上大二三事

陈 骏

时光如梭，离开上海大学（以下简称上大）校园已经有 8 个年头了，刘老师也迎来了 70 大寿。当年刘老师在上大教学楼中给我们上课的情形还历历在目。那时上大宝山新校区启用不久，教学楼中人影稀疏，教室里我们几个坐在下面奋笔疾书，而刘老师在讲台上大声讲解。午后的阳光透过窗户洒在室内，一时间空阔的教室里只有刘老师高亢洪亮的声音，还有粉笔在黑板上书写的吱吱声和强调重点时呼呼的敲击声，渐渐地整个楼里都开始回荡着刘老师铿锵的声音。

2010 年浙江天目湖留影

刘老师的嗓门洪亮，这是我们所有同学都了解的，经常路上碰到认识的同学，一打招呼，对方就说："今天你导师来了吧，听到讲课的声音了。"这可以成为刘老师的一个标志了，往往还没见到刘老师的人，就听到他爽朗的笑声，就知道刘老师来了。其实，刘老师自己也知道他的这一特点，通常在给我们上课的前期，注意着降低嗓门，然而随着课程的进行，刘老师越讲越兴奋，声音越来越大，最后洪亮的讲课声充满了整个教学楼。

刘老师中气足，其实是我们所羡慕的，这可是身体好的特征呀！现在上课的辅助技术多了，可以用无线话筒来扩音，避免了声音轻造成的问题。不过有时没有话筒，要提着嗓子喊，或者有时课程连上，嗓子干痛，声嘶力竭之时，我总会想到刘老师的洪亮声音。刘老师跟我们谈起过他的人生经历，讲到他在山西插队时，资源贫乏，饮食习惯与上海有很大差别，经常吃不到大米；而刘老师是上海人总是想念上海的大米，所以每次探亲结束时总要挑着两袋大米回山西。当时听到这里，第一个反应是，刘老师身体真好，要是我，不要说现在，就是再年轻 10 岁，恐怕也是搬都搬不动。

刘老师曾经说过，身体好，才能很好地搞研究。回想起来，这一点也是我和刘老师读文献的差别。我读文献，往往读了一阵，就脑袋混沌了，一天下来，读不了几篇文章；而刘老师读文章就是海量了。记得刘老师从香港回来,经常会带回来几百篇文章,而这些文章是刘老师都读过的,并做了批阅,然后给了我们。接着就是困扰我们的日子了,因为怎么追着读也追不上。当然,读文献的差别也来自于阅读模式的差别。刘老师能够高屋建瓴,一扫过去就能抓住文章的主旨进行评判,而我当时还处于学生阶段,知识体系不够完整,知识积累不够,所以往往读了好几遍,才略略明白。想要做到从中进行提炼并判断研究的发展,是远远不能及的。

说到对研究前沿的发展的感觉,刘老师可是极其敏锐的。当时大陆学术界对于混沌还是一知半解时,刘老师可谓先人一步,作出了相当好的研究,成为国内混沌研究最早一批知名专家之一。而在我跟着刘老师读研时,刘老师又作出了重要而又正确的判断:复杂网络的研究必将成为热点,所以我和很多同门都转向了。等我博士毕业,问起刘老师未来研究方向,刘老师指出生命科学是下一个热点。现在回想,能够在一位把握科学前沿发展方向的导师指导下学习,这是多好的机会啊!

一晃之间,我已离开上大多年,刘老师也到了古稀之年,想来刘老师还是认认真真做着自己心爱的研究,所谓老骥伏枥指的就是这样,就在这里祝刘老师身体健康、万事如意。

2011 年在上海歌剧院留影

个人简介

姓名:陈骏,1976 年 10 月生,江苏无锡人。

主要经历:

1999 年—2004 年,在上海大学应用数学专业攻读博士学位。

2004 年—2006 年,在上海交通大学做博士后研究工作。

2006 年至今,在华东理工大学商学院任教。

主要研究兴趣:复杂系统及应用。

联系电话:(021) 64252937

电子邮箱:chenjunshu@163.com

通讯地址:上海市华东理工大学　200237

在人生的十字路口

单而芳

人生也许会遇到许多十字路口,在那里踌躇与彷徨。12 年前,也就是 2000 年,我正处在人生的十字路口,为调动工作的事情而纠结。当时有缘认识了刘老师,后来也成为我的博士生导师,由于他的鼎力相助,我的人生轨迹在那一刻发生了转折。

2000 年,我正想调离在石家庄的原工作单位。当时联系的两个接收单位是中山大学和华东理工大学。我在原单位手续办理的很顺利,可我妻子康丽英的原工作单位由于是原部队院校划归到铁道部管辖的,单位的管理遗存了部队的许多传统,人事调动简直像铁索一样,同意调离的可能性几乎为零。尽管起初曾想到会有较大的难度,但没想到会这么难。虽然做了一些努力,但是似乎没有任何转机的迹象,真是一筹莫展。

正当煎熬中欲放弃的时候,康丽英正好到香港城市大学访问,在那里通过研究生时的同学周汝光教授偶然认识了刘老师。刘老师得知我们想调动的意向后,积极介绍我们到上海大学工作。当时的上海正在实施徐匡迪市长提出的建立"人才高地"战略,如能作为引进人才,可暂时不转人事档案。就这样,在刘老师的热心帮助下,我们的调动问题峰回路转。刘老师亲自带康丽英到上海,跑前跑后为我们办理有关手续。2001 年初,我们终于如愿以偿,夫妻俩一起被上海大学引进并进入了刘老师的学术团队。记得当时先后经刘老师推荐被上海大学数学系引进的还有周盛凡教授和傅新楚教授。同年 5 月,在刘老师的鼓励下,我报考了他的博士生,9 月开始跟随他攻读运筹学与控制论方向的博士研究生。

因为我们夫妻俩一直在北方学习和生活,因此乍来到上海这个陌生的大都市,心情是

2004 年 6 月在上海大学与刘曾荣教授合影

既激动又有些忐忑不安。报到那天,一出火车站,便按预定路线乘上公交车。起初车穿行在上海的高楼大厦之间,一会儿车似乎又进入了农村,经过一个小时的车程最终来到一个像公园一样的地方,司机说这就是上海大学。恍惚间为自己变成了新的上海人而感到兴奋,但同时也从原来的有房者突然变成无房者感到苦恼。初来上海的一段日子,生活上不免遇到一些困难,不过,在刘老师的帮助和关心下都很快得到了解决,日子也一天天在改变,生活一天天好了起来。

跟随刘老师读博士期间,虽然我没有把研究方向调整过来,而选择了继续从事

2006 年在香港理工大学工商管理学院做博士后期间留影

2011 年 6 月在台湾新竹交通大学作学术报告

我原来的图论研究,但聆听刘老师报告时,深刻地体会到了他对科学很深的洞察力。他时而激昂,敲打着黑板;时而踱着步,与大家一起思索,让大家深深地沉醉在所讲的问题中。他对我说,他一生多次改变研究的方向,为了研究复杂网络,在香港访问期间对发表在《科学》杂志上的一篇论文研究了很长时间,最终决定开始新的研究。能在 60 岁左右不畏艰难重起炉灶开辟新的研究方向,这种对科学研究的执著精神真令人敬佩和难忘。刘老师在科研工作上让我自由发展,更多的是勉励。他亲自为我查找了一些与图论相关的复杂网模型方面的文献,并与我讨论,积极鼓励我参加他的国家自然科学基金

重点课题的研究工作,从中使我得到了许多启发。

光阴如梭,弹指间 12 年过去了,刘老师也快步入 70 岁了,我们也从当年意气风发的青年,慢慢进入中年,需要关注起身体状态了。回想当年,如果没有刘老师的帮助和支持,我们的事业和家庭不会有今天这样的面貌。他是我们人生十字路口的引路人。在刘老师 70 华诞之际,我和妻子康丽英由衷地对您说一声:谢谢您,永远的导师与恩人!

个人简历

姓名:单而芳,1965 年 10 月生,河北石家庄人。
主要经历:
1991 年—1994 年,在北京理工大学应用数学系攻读硕士学位。
2001 年—2004 年,在上海大学运筹学与控制论专业攻读博士学位。
2001 年 4 月—2008 年 3 月,在上海大学数学系任副教授。

2012 年 7 月访问香港科技大学数学系与陈北方教授合影

2002 年,在韩国国立昌原大学应用数学系进行合作研究。

2004 年,在香港理工大学应用数学系进行合作研究。

2006 年—2008 年,在香港理工大学工商管理学院物流系做博士后研究工作。

2008 年起,任美国《数学评论》评论员。

2008 年 3 月起,在上海大学数学系任教授,博士生导师。

主要业绩: 2009 年入选上海市浦江人才计划,主持 2 项国家自然科学基金项目研究,获得上海市自然科学奖 1 次,现发表论文 60 多篇。

研究兴趣: 图论及其应用,网络优化。

联系电话: 13564802783

电子邮箱: efshan@shu.edu.cn

通讯地址: 上海市上大路 99 号上海大学理学院数学系　200444

美好的记忆

林怡平

我认识刘曾荣老师是在 1987 年,那时我正师从昆明工学院(现昆明理工大学)李继彬老师,攻读动力系统分支与混沌专业硕士研究生。当时李继彬老师邀请了一些国内外知名的专家、教授给我们授课,刘老师被邀请给我们上摄动理论这门课。刘老师上课非常认真,对我们的要求非常严格,我们一起学习的同学都有点怕他,但是我们知道严师出高徒的道理,大家都努力地学习。经过刘老师一丝不苟的教导,我们不但学习到了许多专业知识,也学到了老师对待科学研究严谨、认真的态度。我以高分通过了这门课程的考试。至今我还保留着刘老师批阅过的试卷和他所授课的课堂笔记。

我跟随刘老师攻读博士学位已是 15 年后的 2002 年。当时我已经是昆明理工大学的教授了。为了有进一步学习和提高的机会,我报考了上海大学刘老师运筹学与控制论专业的博士生。除了学习博士学位课程以外,我还参加了刘老师的学术讨论班。刘老师在混沌理论和应用研究方面很有造诣。他经常教导我们要看顶级的杂志,掌握最新的研究动态,做最前沿的研究工作。博士生阶段的学习,使我的专业知识结构进一步完善,视野更加开阔,在以后的工作中更加得心应手。

2005 年与刘曾荣教授在上海大学合影

上海大学是一所学术氛围浓厚,非常有利于学生自我发展的学校。由于老校长钱伟长的倡导,学校办得很有特色。数学系聚集了一批来自全国各地的有成就的教授,每个人在自己的专业方向上都有很深的造诣。老师和学生享有充分的学术研究的自由。在上海大学学习的三年时间给我留下了深刻而美好的记忆,我热爱上海大学,为上海大学而自豪。我在校时,周盛凡老师、傅新楚老师、黄德斌老师以及数学系里许多老师都在各方面给过我许多帮助,他们的热情、友好、真诚使我的学习生活既充实又充满了快乐。

我毕业之后,刘老师仍然给予我深切的关注,对我的每一点进步都给予支持和帮助。他多次应邀到我所在的学校讲学,并在我申请国家自然科学基金时给予大力支持。我担任着昆明市政协副主席和致公党昆明市委主要领导职务,虽然工作繁忙,仍然不放弃自己的专业,坚持教学和开展科研工作,这都与老师的教导分不开的。老师给予的教诲和帮助使我终身受益,我衷心地感谢老师的培养和支持。借此机会,祝老师健康长寿,阖家幸福。

2011 年在杭州西湖与刘曾荣教授等合影

个人简介

姓名:林怡平,1954 年 6 月生,福建福州人。

主要经历:

2002 年—2005 年,在上海大学运筹学与控制论专业攻读博士学位。

1982 年至今,在昆明理工大学(原昆明工学院)任助教、讲师、副教授、教授,博士生导师。

1990 年—1991 年,在中国科学院数学研究所做访问学者。

1996 年—1997 年,在德国 Karlsruhe 大学做访问学者。

2001 年—2002 年,在英国 Keele 大学做访问学者。

主要业绩:主持和参与 5 项国家自然科学基金项目研究,获得省部级奖励 4 次,发表论文 40 余篇。

主要研究兴趣:动力系统分叉混沌及控制,生物数学模型研究。

联系电话:13658860659

电子邮箱:linyiping689@ sohu.com

通讯地址:昆明理工大学理学院 650500

上大往事
——贺刘曾荣教授 70 华诞

张　刚

借刘曾荣老师 70 华诞纪念活动之际，我认真回顾了那段在上海大学（下文简称"上大"）学习和生活的难忘岁月。想起了上大的美丽校园和漂亮女生，想起了钱伟长校长的教育思想和朝夕相处的师兄弟们，想起了博学且思维敏捷的刘老师。上大三年多的学习和生活，彻底改变了我的人生轨迹。我从一个热情的科研门外汉成长为一名具有一定独立科研能力的大学教授。

"自强不息"是上大最初的校训。四个红色的大字刻在校门口一块醒目的巨石上，也深深地印在了每个上大学子的脑海里。后来钱伟长校长为上大校训又加了一句"先天下之忧而忧，后天下之乐而乐"。耄耋之年的钱校长拖着已经很虚弱的身体在出席一次普通的毕业典礼时说："在今天，我要赠给你们一句座右铭，叫'先天下之忧而忧，后天下之乐而乐'，百姓之忧、人民之忧你们是否记在心上了？"然后钱校长，一个老人，流泪了，台下很多人也流泪了。从此，每个上大毕业生心里多了一份责任感，多了一份奋发向上的动力。美丽的人工湖给每个到过上大的人都留下了美好的

上海大学留影

印象。湖水里有好多大得出奇的鱼，湖面上有美丽的黑、白天鹅和成双结对的鸳鸯，湖周围是大片的草坪，湖畔矗立着费孝通老先生题的"泮池观鱼"石碑。上大人工湖是宝山校区的灵魂，"泮池观鱼"为上大十景之一，更是无数上大学子在艰苦的求学之路上宁静心灵的救赎之地。

上大非常注重人文教育与科学教育的相互融合和渗透，这是钱校长"全人教育"办学理念的核心。上大经常举行一些人文、艺术和体育方面的演出和报告。大礼堂经常会有高质量的文艺演出上演。有些演出的规格具有国际一流水准，我曾幸运地在大礼堂听过柏林爱乐乐团的交响乐，甚是难得。上大的体育设施堪称国内一流，能举行规格很高的国内国际体育比赛。平时各个运动场所对外开放，其中的羽毛球馆、游泳馆、足球场都留下了我这个体育迷的很多汗水和快乐。学校里有个果园，里面种植着桃、

杏、李、柿子、杨梅、无花果、橘子、金橘、枇杷、枣等各种果树,很像一个世外桃源。每到果实成熟的季节,师兄弟们纷纷溜进果园,享受甜美果实的同时,更是享受年轻人难得的自由和无所顾忌。

回顾与刘老师相识还真是有些偶然。那是 2002 年在昆明召开分支与混沌国际会议期间。偶然的机会,我和师兄周进教授坐在一起,通过一段时间的交流后,周师兄建议我报考刘老师的博士。具体谈了什么已经记不清了,给我留下的深刻印象是:这个已经是教授的学生对自己的导师佩服有加,那么,刘老师应该水平很高。后来我终于见到了刘老师。刘老师简单问了几句我的情况后,说出了那句著名的话:"只要你工作做得好,一定会过的好。"后来,通过和刘老师的相处,我逐渐理解了刘老师这句话的深刻内涵。刘老师人生坎坷。"文革"期间,刘老师大学毕业后被分配到了山西大同,他不甘心就此离开多年努力的专业和心爱的家乡上海。改革开放后,刘老师马上考取了安徽大学的研究生,并在毕业后留在安徽大学任教。合肥离上海近了,但还不是刘老师的向往之地。刘老师继续努力工作,终于在 10 年后以人才引进方式来到苏州大学工作,几乎到了上海的郊区。在苏州大学教学期间,刘老师培养了田立新师兄等优秀的学生,并在交叉学科的研究中做出了突出贡

上海大学留影

献。1998 年,刘老师再次以人才引进的方式昂首回到上海,来到上大,成为享受校级津贴的专职教授。大同—合肥—苏州—上海,从刘老师的生活轨迹中可以看出他的不断努力和拼搏,也充分地印证了那句"只要你工作做得好,一定会过得好"。这句话后来一直鞭策着我,每当我迷茫的时候,这句话都会出现在耳边。我把这句话作为礼物送给了和即将送给我的每个学生。刘老师才思敏捷是大家公认的,对新问题的敏感和预见性超乎常人。记得读书期间,经常是早上刚到 7 点,刘老师的电话就打到了宿舍。大部分是关于刘老师早上发现的有意思的东西,要求大家马上开始讨论。一般还在电话的最后加一句:"我终于等到 7 点才给你们打电话的。"刘老师是我见过最勤奋的人。60 多岁了,还一直坚持在科研第一线工作。在我读书期间,每过一段时间,刘老师都会从家里带来一大摞打印好的文章,每篇文章都会有刘老师的笔迹。这一摞文章马上会成为我们师兄弟手里的宝贝,大家会如饥似

香港访问留影

渴地详细阅读。通过自己的勤奋工作，刘老师近年来拿到国家基金如享家常便饭，其中不乏国家级的重点项目。刘老师是严厉的也是有远见的。他理解我们几个已经成家的人，难免对家人有所牵挂。曾多次告诫我们："想家没有用，只有好好学习，做出好的工作来，才真正对得起自己的家庭。"我记得刘老师曾经对我们要求："自己只有批准一周假期的权利，一周以上的假期要到学院去请。"当时我们理解为老师不同意学生在学习期间请假回家，因为我们的家离上海很远，一周时间远远不够。现在看来，这是一个多么理性的要求。尤其对于我这个读博以前从来没有长时间离开过家的老男孩，如果没有这个要求，也许后果会很严重。马忠军是和我一届的同学，岁数也相仿，在这个要求下我们同命相连。我们在上学期间接受了刘老师严格的教导，顺利毕业后，在各自的工作岗位上都有了较顺利的发展。现在我们已经都是大学教授并都拿到了国家自然基金。刘老师是重感情的。记得黄德斌师兄出事后，刘老师组织了同门对黄师兄后人的安抚工作。一日为师终身为父！写到这里泪如雨下……

西安留影

上大的校徽呈白玉兰的形状，为本市市花。花托为字母"U"形，是大学（University）的意思，右花瓣形如海鸥，又是字母"S"，是上海（Shanghai）的象征。左花瓣为数字"1"，表示上海大学要争创第一的决心。期望我们每个上大毕业的学生都始终有争创第一的决心。

期望我们每个刘老师的学生都能奋发向上，不辱师门。由衷地感谢上大——这块培养我的沃土；由衷地感谢我的师兄弟们——感谢你们长期的支持和帮助；由衷地感谢恩师刘曾荣教授——感谢您给予我的愉快而富有启发的时光！

个人简介

姓名：张刚，1970 年 4 月生，河北石家庄人。

主要经历：

2004 年—2007 年，在上海大学攻读运筹学与控制论方向博士学位。

2008 年—2010 年，在北京工业大学力学博士后流动站做博士后。

2010 年至今，在河北师范大学数学与信息科学学院应用数学系任教。

主要业绩：主持国家自然科学基金项目研究 1 项，主持国家博士后科学基金 1 项，主持河北省自然科学基金 1 项。发表学术论文 10 余篇，撰写专著 1 部。

主要研究兴趣：非线性动力学，复杂系统理论研究。

联系电话：(021)66136131

电子邮箱：fanqingduan@163.com

通讯地址：上海市上大路 99 号上海大学系统生物技术研究所　200444

忆恩师

张建宝

2005 年—2008 年，我有幸在上海大学刘曾荣教授门下进行了三年的专业攻读。三年之中，刘老师敬业勤奋求实、创新的治学态度深深地影响着我。时至今日，重新翻开自己的毕业论文仔细回味，不禁想起每一章节所蕴含的刘老师的谆谆教诲，还有那充实多彩、饶有收获的美好时光。

2008 年上海大学留影

2004 年底，我在昆明理工大学房辉教授门下即将完成硕士阶段的学习，经房老师推荐，于 11 月赴上海拜会了刘老师，并参加了相应的博士入学考试。初次见面，刘老师给我的印象是犹如"弥勒"式的人物：慈眉善目、声如洪钟、和蔼可亲、平易近人。即使在面试时，刘老师也和颜悦色，犹如闲聊，让人感觉轻松愉快，而又富有启发。刘老师给了我一些语言动力学方面的重要文献，嘱托我如有兴趣，可向傅新楚老师多多请教，言语之中已经收为学生，让我对考试成绩的忧虑顿时烟消云散，心情放松地享受了第一次上海之旅。现实中的刘老师就是这样一位值得尊敬的长者。

直至入学后讨论班开始，我才真正领略到刘老师在学术上井然有序的工作方式和踏实严谨的治学态度。印象中，刘老师来学校时，常随身携带一个记事本，里面会列出当天须做的事项，每完成一项就用彩色水笔勾掉，有条有理，非常高效。虽然这是一个很简单的习惯，但长期坚持并按时完成所记事项，却需要很强的毅力，这可能也是刘老师能够读书破千卷，刊文数百篇，桃李满天下的一个重要原因吧。

刘老师一直非常注重团队的建设和合作交流,并为团队成员间的相互熟悉和团结合作提供了很多条件和机会,比如经常请弟子们聚餐畅聊,集体参加学术会议,创办研究所等。刘老师有时也与学生一起面红耳赤地争论学术问题,并让学生相互讨论、相互帮助、相互交流,以拓展知识面。记得有一次,我在一个重要问题关键环节的推导上遇到了困难,一筹莫展,刘老师了解情况后,亲自出马,与张刚、马忠军等师兄弟们热烈地讨论了很

2009 年桂林尧山留影

久,问题最终得到了解决。这些做法无疑拉近了师生间的距离,加深了师兄弟们的感情。正是在刘老师的种种努力下,当年在校的十几个师兄弟,彼此亲密无间,情同手足。这在研究所里是众所周知,而且也是受人羡慕的。

日月如梭,2008 年我博士毕业后,在刘老师及陈芳跃老师的帮助下,进入了杭州电子科技大学从事教学和科研工作。虽然科研成果非常平凡,但经常会想起刘老师和蔼的音容笑貌,也能感受到他殷切的期待。这种长辈般的期待成了我前进的动力,促使我保持着继续攀登的欲望。刘老师,是您为我指明了学术方向,使我端正了科研态度,并督促着我的工作和生活,衷心地谢谢您!

个人简介

姓名:张建宝,1979 年 10 月生,山东临沂人。

主要经历:

2002 年—2005 年,在昆明理工大学应用数学专业攻读动力系统方向硕士学位。

2005 年—2008 年,在上海大学运筹学与控制论专业攻读复杂网络与混沌同步方向博士学位。

2008 年至今,在杭州电子科技大学理学院工作。

主要业绩:发表学术论文 6 篇。

主要研究兴趣:网络同步及其应用。

联系电话:13868070577

电子邮箱 jianbaozhang@163.com

通讯地址:浙江省杭州电子科技大学理学院数学系　310018

感谢恩师

李 莹

鲜花感恩雨露,因为雨露滋润它成长;苍鹰感恩长空,因为长空让它飞翔;高山感恩大地,因为大地让它高耸;我感恩我的老师,因为老师打开智慧的大门,让我在知识的海洋里遨游。

2003 年,我从西北大学本科毕业,放弃了本校的保研机会,自己执意要考到北京去,于是就报考了北京大学数学科学学院。尽管整个复习过程中自己很努力,但是仍然事与愿违,成绩出来后就去网上到处搜集调剂信息。在搜集的过程中看到了刘老师的信息,尽管对刘老师的研究方向并不熟悉,但是当时的想法是不能放弃每一个机会。于是就给刘老师办公室打了个电话。记得当时接电话的是赵德勤师兄,我把自己的情况仔细给师兄描述了一番。赵师兄告诉我:"刘老师不准备招硕士生了,不过你的情况有些特殊,要不我帮你问问,回头你再打过来吧。"

后来联系到了刘老师,刘老师听了我的情况,不知道对我是深表同情还是确实觉得我的基础还可以,就给我提了几个条件:让我找两个专家写推荐信以及把我在本科的成绩单和获奖证书等邮寄给他。通过这次与刘老师的简单交流,我就明显能感觉出来刘老师非常严谨的做人态度,对学生要求也非常严格。来上海大学复试的时候,有幸见到了刘老师。第一次见到刘老师的那一幕始终刻在我的脑海中,并将永远地留在我的记忆里。

2009 年大连留影

入学之后,刘老师对我们一直要求很严格。研一是打基础的一年,刘老师给我布置了两门自学的课程——"常微分方程定性理论"和"动力系统",看后向他汇报。在后来的科研过程中,我才发现这两门课的重要性。刚开始接触文献的时候,在网上找了几篇中文文献,被刘老师看到了,他要求我直接看英文文献,一方面能提高自己的专业英语以及写作能力,另一方面还能把握国际学术前沿。这一点让我终生受益,一直到现在我仍然坚持读英文文献,撰写英文文章。

从研二开始,我基本上每周都参加讨论班了,在讨论班上,我才真正领略到刘老师的敏捷思维。刘老师一下子就能听出我们报告中的关键点,这一点是我们同门师兄妹共同的感受。还记得在我们刚刚涉足复杂网络领域的时候,刘老师和我们一起看文献,一起讨论,刘老师的好学精神一直深深地影响着我。

刘老师不仅思维敏捷而且敢于创新，能准确地抓住时代的脉搏和学术前沿。在我刚刚读博士时，刘老师将研究兴趣转向了系统生物学领域。为了能够成功转向，刘老师付出了很多艰辛的努力。刘老师聘请了陈洛南教授为我们教授系统生物学知识，针对陈教授给我们推荐的文献，我们分头去看，然后集中汇报。在刘老师的带领下，我们很快就进入了系统生物学领域。同时刘老师跟我们一起补习生物学知识，至今还记得刘老师厚厚的笔记本，他每看一篇文献都很认真地做笔记，这一点连作为学生的我都很难做到。现在回过头来看看，刘老师转向很成功，现在系统生物学是国内外研究的热点。非常感谢刘老师带领我进入这样一个新的领域，这也为我今后的科研之路奠定了很好的基础。

2008 年上海外滩留影

跟随刘老师学习了五年时间，五年来，刘老师渊博的知识、严谨的治学态度、谦和的为人以及对工作的认真负责、兢兢业业的态度，深深地教育了我，影响了我，激励了我，使我终生受益。感谢他教导我如何做人，如何做学问，五年来每一篇论文的反复推敲和修改都已成为我最宝贵的财富，并将继续指导我以后的工作、学习和研究。

时光荏苒，岁月如梭，转眼之间，我从上海大学毕业迄今已接近四年时间。虽然已经从刘老师那里毕业，但是刘老师还一直惦记着我的科研和工作。刘老师经常告诫我不管遇到什么事情，科研一定要坚持，并且要学会独立做科研。

春蚕到死丝方尽，蜡炬成灰泪始干。也许这就是给全天下传道、授业、解惑的老师们最好的诠释。回顾自己这些年的学习生活，感觉恩师教给我的不仅仅是知识，更是获取知识的能力。他的一言一行，他对待生活，对待人生的态度，也深深地影响着我，不管是以前、现在，抑或是未来。在此，谨向刘老师表示崇高的敬意和衷心的感谢。

个人简介

姓名：李莹，1981 年 8 月生，山东阳谷人。

主要经历：

2003 年 9 月—2005 年 7 月，在上海大学应用数学和力学研究所攻读动力系统方向硕士学位。

2005 年 9 月—2008 年 6 月，在上海大学数学系读系统生物学方向博士学位。

2008 年 7 月至今，在上海海洋大学信息学院任教。

主要业绩：主持 1 项国家自然科学基金项目研究，主持完成 1 项上海高校选拔培养优秀青年教师科研专项基金项目研究，主持完成 1 项上海海洋大学博士启动基金项目研究，发表学术论文 13 篇。

主要研究兴趣：复杂网络动力学在生物网络中的应用，系统生物学。

联系电话：(021)61900625

电子邮箱 leeliying@163.com

通讯地址：上海市临港新城沪城环路 999 号上海海洋大学信息学院 405 室　201306

刘老师带我走上科学研究之路

王家赠

　　时间过得真快,自从 2008 年底从上海大学博士毕业,一转眼又是三年多过去了。喜闻刘老师 70 华诞马上到来,我的这段读博经历相隔不远,许多往事还历历在目,故值此机会,找一些鲜活回忆录于纸上,表达对恩师的感激之情,同时也能为自己留一点人生的记录。

　　我与刘老师的初次相识是在 2005 年的下半年。当时我还是绍兴文理学院一名刚刚硕士毕业的年轻教师。2004 年—2005 年,北京大学的钱敏教授来到绍兴,主持了一个非线性科学的讨论班。我恰好在读硕期间阅读过非线性科学方面的科普文献,就对这一领域产生了强烈的好奇与兴趣。当然现在回过头来看,我当时的数学基础并不好,但正是这种强烈的兴趣,促使我静下心来,一遍遍地去做题、去思考、去领会数学中的思想与方法。所以我现在能比较透彻地领悟一些基本的数学方法,并以此为基础比较好地理解与解决科学问题,做一些应用数学的工作——这是后话。当时钱先生联系到了刘老师,请刘老师到绍兴做一个报告。记得时间大概是在 2005 年国庆之前,报告内容是细胞分裂周期中出现的稳定极限环。这是我第一次听到刘老师的报告,刘老师声音洪亮,语气极具感染力。同时刘老师具有一种能力,能把复杂的科学问题分析透彻,条理清晰,抓住本质。这些都给我留下了深刻的印象。

　　那次我陪同刘老师及师母在绍兴的护城河上坐船转了一圈,也去柯岩玩了一趟。在此过程中我向刘老师介绍了自己的情况,并表达了自己想跟他读博士的愿望,非常幸运的是,刘老师基本答应了这件

在朝鲜大使馆与留学生合影

事。当时感觉刘老师作为一个知名学者,非常平易近人,对我这样的年轻人的成长非常关心。

　　我于 2006 年春正式进入上海大学学习。当时我在绍兴时一直在学习同步方面的内容,也知道刘老师在同步方面颇有研究,但刘老师却让我别再继续做同步了,让我看传染病方面的文献,并安排我去参加上海交通大学周青老师主持的一个随机网络的讨论班。当时我对同步方向还有些割舍不下,再加上对新领域也不可能一下子就能入门,所以心情有些低落。现在回头再来审视这段经历,我觉得我

要非常感谢刘老师。正是刘老师高瞻远瞩的眼光，使我摆脱了自己熟悉的这点小寰臼，接触到了更广的科学世界，以一种科学而不仅仅是数学的眼光选定自己的研究之路。正是这样的经历，使我在后来的科研道路上不断地突破原有的范围，勇敢地进入新领域。而每一次这样的转型，都使我的知识面更丰富一层，眼界更高一层，对问题的理解更加地深入一层。而且现在我发现，进入一个新的领域并不十分困难，科学研究有许多共通的东西。你带着原来的经验，进入一个新领域，只要经过一个起始阶段，真正理解了新研究领域的本质，往往能找出新的问题或研究方向。

经过 2006 年上半年的学习，我对复杂网络的传播过程已经有了一定的认识，记得当时还到同济大学给姜礼尚先生作了一次汇报。但客观地说在上海交通大学的讨论班，没学到很多的东西，原因是他们比较偏数学，比较细致地讲 Erdos 的书，而且讨论班安排在下午，我早早吃了午饭赶到那儿，需要一个半小时，到了以后已经是疲惫不堪，往往在课堂上就睡着了。总之，我没有学到多少数学的方法，那个太细了。但是我从物理的角度，对这个问题的理解已经比较透彻了。

那年暑假的时候，安排了一次讨论班，请了陈洛南老师等人来讲学。在张雪娟的房间里聊天时，刘老师给了我一篇文献，是中国科技大学汪秉宏老师课题组的一个有关复杂网络上 SI 型传播的一个工作，其中有一个新想法，就是每条边的传染率不能是常数，而应是一种分布。刘老师觉得这里面有事情可以做。我仔细研究了这篇文章后，马上就发现可以推广前人的工作到更一般的情形，而把以前的工作作为一个特例。我到现在为止还由衷地佩服刘老师这种广泛的阅读习惯，同时又能抓住关键问题的能力。

和女儿在上海南京路合影

我在上海大学度过了愉快的三年时间，刘老师很体谅我当时生活上的困难，总是对我网开一面，满足我的各种要求。当时师兄师弟、师姐师妹很多，所以开讨论班，平时活动都很热闹，大家相亲相爱，互帮互助，让我觉得很温暖。每当初夏时节，还可以在校园里摘几个水果。在这远离都市喧嚣的校园里，生活有一种自然的舒适感。

毕业后来了北方，没有留在刘老师近旁，总觉得有愧疚之情。只能祝老师身体安康、生活幸福！

个人简介

姓名：王家赠，1975 年 8 月生，浙江诸暨人。

主要经历：

2006 年—2008 年，在上海大学理学院数学系攻读运筹学与控制论方向博士学位。

2009 年—2010 年，在北京大学数学科学院攻读概率统计系博士后。

2011 年至今，在北京工商大学理学院数学系任讲师、数学系副主任。

主要业绩：主持 1 项国家自然科学基金项目研究，发表论文 10 篇。

主要研究兴趣：复杂系统、生物系统中的随即过程、非平衡态统计。

联系电话：15010720629

电子邮箱：wangjiazen@yahoo.com.cn

通讯地址：北京市海淀区阜成路 11 号北京工商大学理学院数学系　100048

终生感念忆恩师

王 毅

弹指一挥间，我已经从上海大学（下文简称"上大"）毕业三年了。每当回忆起在上大的生活时，仿佛又看见刘曾荣先生那熟悉而又亲切的面庞，当年与先生相处的那些难忘时光，又一一清晰地浮现在我的眼前。三年上大生活中，刘先生勤奋求是、勇于探索的治学态度使我受益终生，是我人生中一笔宝贵的财富。

2005 年西湖留影

我能有幸拜识刘曾荣先生，并在先生的指导和关怀下攻读博士学位，成为一名数学工作者，还得从 2005 年说起。那时我硕士毕业三年了，在浙江财经学院工作，在工作和学习中时常感到自己的科研能力还很薄弱，期待自己能有所进步。经过我的硕士生导师陈芳跃先生推荐，我于 9 月赴绍兴王家赠师兄处拜会了刘先生。当年的情景至今令我难忘。初次见到刘先生，我简直不敢相信自己的眼睛。刘先生是那样的平易近人，和蔼可亲。即使在闲聊时，刘先生也循循善诱，把一些深奥的问题简单明了地叙述清楚，非常富有启发性，使人感觉科学研究工作是一件陶冶情操、令人愉快的工作。为了使我早日进入新的科研领域，刘先生让我每个星期都参加学术讨论班，就这样我不停地奔波于工作单位和上海大学，忙碌充实，身心愉快。

很快半年就过去了。2006 年我很荣幸地通过学校入学考试，正式拜读刘先生门下。从这时起我更深深体会到刘先生严格的治学方法和严谨的学术态度。每日清晨来校，师兄弟就轮流去报告，讲述自己几日以来的学术心得和体会，为下一阶段的工作做好学习计划。同时每个星期都召开学术讨论班。即便在上海大学系统生物技术研究所刚刚成立，刘先生异常忙碌的情况下，这一切都有条不紊地进行着。我想这可能是刘先生学术上能硕果累累的很重要的一个原因吧。同时，刘先生一直非常注重团队的合

作交流，当时在校的 10 余位同门，互相帮助和关心，共同学习和进步，如同兄弟姐妹，亲密无间。为了尽快提高自身的学术境界，我们每周都同其他研究团队召开学术报告会，这为我们的成长创造了有利条件。

刘先生对学生的挖掘、扶持和关爱，不仅表现在学术和生活中的关心与帮助上，更重要的是在对科学的探索和人品道德的培养上。先生时常教育我们要成为一名正直、有涵养、勇于探索的科研者。刘先生，感谢您在学习和生活中孜孜不倦的关爱和循循善诱的教导，指引我走向更美好的人生。我想即使岁月的风雨可以冲淡一切，但却永远也冲不去我对恩师的怀念与感激，带不走我记忆中那些感人至深的画面。

刘曾荣先生，我永远感念的恩师！

2005 年浙江财经学院留影

个人简介

姓名：王毅，1974 年 4 月生，湖北建始人。

主要经历：

2000 年—2003 年，在浙江师范大学攻读基础硕士学位。

2003 年至今，在浙江财经学院任教。

2006 年—2009 年，在上海大学攻读运筹和控制博士学位。

主要业绩：主持教育厅课题 1 项，发表论文 8 篇。

主要研究兴趣：动力系统分叉混沌及控制，复杂网络。

联系电话：13758245592

电子邮箱：wangyihzh@gmail.com

通讯地址：浙江财经学院数学与统计学院　310018

春风化人
——记我的导师刘曾荣教授

徐凤丹

2010 年在台湾与刘曾荣教授合影

我还清楚地记得，那是在 2004 年 4 月 2 日，我第一次见到了刘曾荣老师。当时，刘老师正在给我未来的同门师兄弟上讨论课，他嗓音洪亮，满怀热忱，饱含着对学术的激情，因此刚一见面，便给我留下了深刻的印象。

那一年我本想跨专业考研转学生物专业，没想到又调剂回数学老本行。和刘老师见面后，刘老师告诉我，他正准备把研究工作转到系统生物学方向，这让我猛然看到了能更好地实现自己梦想的希望。在随后的六年时间里，我跟随刘老师攻读了硕士学位和博士学位。

虽然在考硕士研究生之前我一直对学术研究充满兴趣，但实际上我并不知道学术研究到底是怎么一回事。跟随刘老师后，他首先让我们打实基础，指定若干专著让我们研读；随后他亲自提纲挈领地总结提高，将他的理解无私地传授给我们，高屋建瓴地帮我们搭建起学科的框架体系；结合阅读最新的文献，为我们迅速打开了学术视野，开拓了学术思路。

我还记得，有些文献开始时读起来不得要领，经刘老师一解说马上便觉得豁然开朗；而有些文献自以为有所理解，但和刘老师一交谈，他又总能从更高或更新奇的角度提出新的理解和认识，给我带来很多启迪。刘老师还非常善于把握前沿和热点，他自己也总是充满新的想法，让我们这些弟子们应接不暇。当我们刚刚尝试从动力系统向复杂网络转变的时候，刘老师就已经注意到了系统生物学的发展前景。

最令人敬佩的是刘老师为了更好地开展系统生物学的研究，在 60 多岁的年纪还查着字典学习生物学的背景知识，为了迅速熟悉和把握系统生物学的文献，刘老师还做了大量的笔记。记得有一次上讨论课时我无意中看到了刘老师读文献所做的笔记，他不仅摘录了文章的关键点，还就文献提出了自己的判断和思考，这让我认识到在他那些深刻、创新的想法背后是怎样的勤奋刻苦。在讨论班上，刘老师对他

读过的文献进行串讲,将他的理解深入浅出、简明扼要地告诉我们,让我们得以快速地进入这一全新的研究领域。

刘老师在选题方面非常有眼光,但他总是允许大家按照自己的兴趣进行探索,鼓励大家走出自己的探索之路,他还积极参与进来,一起出谋划策,毫无保留地贡献他的知识和经验。刘老师组织的讨论班是十分民主的,不论认识的深浅、观点的高低,每个人都可以随时随意地发表自己的想法。

刘老师对于学术总是充满热忱,在讨论中他常常与我们抢着发言。刘

2010 年在台北故宫留影

老师还经常以他的亲身体会向我们讲解什么是学术精神,并始终坚持学术至上的人生。他经常告诉我们,不论在什么情况下都要坚持学术研究工作,只有这样才是有价值的人生。这是他的人生体会,也是他的人生写照。

在生活中,刘老师是一个幽默、开朗的人,有时即使身体不适,也保持着乐呵呵的模样。刘老师就是这样一个可敬可爱的人。

欣闻刘老师 70 华诞,谨以此文祝福老师身体健康、万事如意!

2011 年在 GE 公司留影

个人简介

姓名:徐凤丹,1981 年 1 月生,河北承德人。

主要经历:

1999 年—2003 年,在河北师范大学数学系攻读数学与应用数学学士学位。

2004 年—2007 年,在上海大学数学系攻读系统分析与集成专业硕士学位。

2007 年—2010 年,在上海大学数学系攻读应用数学博士学位。

2011 年至今,在通用电气公司从事研发工作。

联系电话:18261523021

电子邮箱:selectionist@gmail.com

通讯地址:江苏省无锡市长江路 19 号通用电气公司

上大求学

贺勤斌

　　自从 2009 年有幸师从刘曾荣教授,如今三年的博士生活已过,现又迎来了刘老师的 70 华诞暨学术研讨活动。回顾在上海大学的这三年难忘的学习生活,更是感谢刘老师的谆谆教导。与刘老师相处的三年,令我终身受益。

　　初识刘老师,只觉得刘老师身材魁梧,讲话中气十足,很难想象处于教学和科研第一线的刘老师年将 70。只要刘老师在,我们很远就能听到他的声音。大嗓门也就成了他的一个特点。据说,初入学的师姐向来没有听过有人这么大声音说话,以致第一次谈话被吓哭。刘老师性格直爽,有什么说什么,当然教训起人来也不含糊。但是老师并不记仇,学生做得对与不对,既往不咎。就凭导师这耿直的性格,我们就被其他同学所羡慕。

　　刘老师是搞物理出身的,因此对于科学研究有着物理人所特有的敏锐。他对于具体的科学本质的理解和洞察,往往令我们年轻人自叹不如。在非线性动力系统、复杂网络、航空航天中动力学与控制、系统生物学等领域无不留下老师的足迹。刘老师长期以来一直关注国际上前沿性交叉学科的研究,凭着敏锐的洞察力一直走在时代的前列。他强调做科研工作既要加强与本专业同行的合作交流,也要有跨专业的交流探讨。同时,他也不断为我们创造各种合作交流的机会。他强调科学理论需要依据于实验,更强调和重视跨学科、交叉学科的重要性。对于科学研究,刘老师要求学生"厚积薄发、发散思维、抓住前沿"。他前瞻地指出系统生物学可能在 21 世纪科学研究中的巨大作用,为学生的科学研究指明了方向。

上海大学留影

　　在学校的每次讨论班上,我们不需要提前把要报告的内容告诉老师。凭着深邃的洞察力、敏锐的理解力,老师总会抓住关键问题所在,最后给出一个清晰、全面的点评,同时也指明存在问题和思考方向。我们的讨论班总是最活跃的讨论班之一,吸引了好多其他专业的科研人员。讨论班每每使我们如沐春风,获益匪浅。刘老师演讲风格也是最有特色的。他不需要麦克风,凭着大嗓门,每次的报告形象生动而充满激情,报告内容深入浅出而决不空洞。不管听众是专业人士还是非专业人士,他都可以凭借扎实

的专业知识把复杂的理论问题阐述得通俗易懂,他所作的报告既前瞻性地分析问题又开拓人的思维,既精彩又使人受益匪浅。

　　曾经有一段时间老师被腰椎病痛所困扰,时常对我们感叹年事已高。而如今,成功手术之后,刘老师更年轻了,脚步更稳健了,精力更充沛了。三年的共处,老师严肃但不乏童真,大家风范而不乏细腻。而今,也时时想起老师会心的笑容。老师的声音犹在耳边,三年教诲使作为关门弟子的我受益丰厚,倍感荣幸。老师身体一直很好,常笑称自己有长寿基因,也愿长寿基因和青春活力永伴着敬爱的刘老师。

上海大学留影

个人简介

姓名:贺勤斌,1972 年 2 月生,浙江台州人。

主要经历:

1994 年至今,台州学院数学与信息工程学院任教。

1997 年—2000 年,在浙江大学攻读数学专业硕士学位。

2009 年—2012 年,在上海大学攻读信息与系统生物学博士学位。

主要业绩:发表论文 20 多篇。

主要研究兴趣:动力系统,无线传感器网络,神经网络,系统生物学。

联系电话:(0576)85137063

电子邮箱:heqinbin@126.com

通讯地址:台州学院数学与信息工程学院　317000

刘老师的科研思想与精神

郝军军

2008年9月,我的硕士生导师——云南大学物理系的曹克非教授介绍我到上海大学向刘老师学习复杂网络。2008年9月至12月,刘老师多次指导我如何高效地研读论文,并通过实例讲述如何有效地把握论文的主旨思想,如何把握国际学术发展趋势。通过刘老师这段时间的教诲,我对科学研究有了初步的认识,为日后快速进入科研状态奠定了基础。

2009年9月,我开始了在上海大学系统生物技术研究所的博士研究生学习生涯。在这三年时间里,已近70高寿的刘老师仍旧兢兢业业,精心指导我们。作为博导,刘老师每周都要定期开展讨论班,讲述国际前沿科研动态,关注我们的研究进展。作为前辈,刘老师不定期地与我们沟通思想,经常现身说法,讲述他自己的求学及工作经历。

上海南翔古猗园留影

回想读博三年,刘老师传授给我们的不单单是知识,更多的且更为珍贵的是教给了我们如何思考,如何产生新的科研思路。刘老师对于科学问题总能抽象出其简单本质,并能以通俗的语言绘声绘色地表述出来。在讨论班上,刘老师经常引导我们开拓思路、发散思考。他一贯主张对于实际问题,要少谈抽象数学,多谈物理本质。对于科学问题去粗取精、去伪存真、抓大舍小。对于本质问题紧抓不放、步步逼近。这其中,我们经常可以欣赏到刘老师精彩的论证和激昂的陈词:要么是神采飞扬的手势,要么是逻辑严谨的推理,要么是画龙点睛的总结。在刘老师的引导下,我逐步理解了科学的真谛,在研究工作中逐步逼近了问题的本质。

当然,每次讨论也并非一帆风顺。刘老师疑虑时的踱步、困惑时的拍头以及顿悟时的拍案叫绝,这一幕幕场景总是历历在目,记忆犹新。我们随着刘老师的节奏时而沉默思考,时而踊跃发言,时而激烈争辩。经历过这些训练,我们慢慢地学会了思考,学会了寻找新的科学问题,为我们今后独立科研奠定了良好的基础。

刘老师不但是我们知识方面的老师,更是精神方面的向导。作为一位令人敬重的恩师,让我们更加难忘的是刘老师对科学的热爱与奉献精神。刘老师不仅在讨论班上全心投入,而且业余时间还在为研究所的大局着想,甚至夜深人静时还为思考科学难题难以入眠。记得有一次,我们讨论班从上午8点半一直开到11点半,刘老师还是不肯放弃一个持续思考好久的问题,为了不打断思路,刘老师让我们先去吃午饭,自己一人独自呆在会议室思考到下午1点多钟。刘老师对科学事业的热忱,对科学问题求真求是的探索精神实在令我们佩服。

我想用人们对爱因斯坦的评价来总结我对刘老师的认识:"他的天才在于能用简单而令人信服的论证深入事物的核心","他的伟大力量不在于数学技巧,而在于理解的深度和对原则的顽强奉献精神"。

在刘老师70华诞之际,祝愿恩师身体健康,祝愿恩师的科研精神源远流长!

上海大学留影

个人简介

姓名:郝军军,1978年6月生,河南平顶山人。

主要经历:

2000年—2003年,在平原大学计算机应用与维护专业学习(专科)。

2003年—2005年,在南阳师范学院计算机科学与技术专业攻读学士学位。

2005年—2006年,在河南省石龙区检察院工作。

2006年—2009年,在云南大学物理系非线性复杂系统中心系统分析与集成专业攻读硕士学位。

2009年—2012年,在上海大学系统生物技术研究所信息学与系统生物学专业攻读博士学位。

2012年至今,在中国科学院昆明动物研究所遗传资源与进化国家重点实验室工作。

主要研究兴趣:复杂系统建模、复杂网络、社会网络、群体合作与竞争、生物进化。

联系电话:(021)66136107

电子邮箱:haojun@shu.edu.cn

通讯地址:上海市上大路99号上海大学E103室 200444

追忆往事

蔡水明

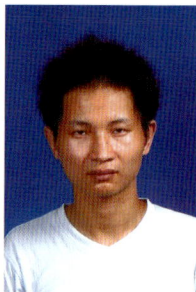

　　时光飞逝,转眼之间在上海大学(下文简称"上大")学习和生活快六年了,博士生涯即将结束。回首这几年与导师、师兄弟们一起讨论和学习的日子,我深切体会到了亲情和友情的重要性,更体会到了这些年刘老师为我们付出的汗水和心血。这几年的学习生活经历使我受益匪浅,相信将影响着我未来的生活和工作。

上海大学留影

　　2006年7月,我从福州大学数学系毕业后,9月进入上海大学应用数学和力学研究所攻读硕士学位。在当初学生选导师的时候,实际上我就和我现在的博士生导师刘老师交流过一次。还记得当时在上大延长校区乐乎楼我第一次见到了刘老师,那个时候上大系统生物技术研究所刚刚成立。当时,刘老师和我聊了一些问题,并介绍了他们当时打算做的一些东西。遗憾的是,当时本科刚毕业的我哪里知道科研这个概念,就没有选择跟随刘老师念硕士,而跟随了周进教授研究复杂动力网络的同步与控制。后来才知道原来周老师也是刘老师的学生。读硕士期间,在周老师的精心的引导和极大的帮助下,我系统地学习了复杂网络理论、常微分方程定性与稳定性理论等,进入了科研的前沿课题并积累了大量的相关材料。可以说,硕士阶段三年的刻苦努力学习为我后来博士阶段的学术研究打下了扎实的基础。

　　随着自己认识的一步一步加深,我开始朦胧地感觉到系统生物学将是未来一个很有潜力的科研方向。所以,当时我就有一个想法,如果要念博士的话,就选择系统生物学这个研究方向。后来,我找到了当时担任上大系统生物技术研究所副所长的刘老师,并向他表明了我的想法,他爽快地答应了我报考他的博士生的请求。在刘老师的关怀下,2009年9月我如愿进入了上大系统生物技术研究所,开始了博士生的学习与生活。这里有着自由宽松的学术氛围,良好的学习生活环境,定期的学术讨论班,高质量的课程讲授和学术讲座,让我在轻松愉悦中不断地进步,渐渐地融入这个研究所中。让我受益最大的应该是刘老师组织的每周一次的讨论班。他总是要求我们汇报英国 *Nature*、美国 *Science* 及美国科学院院报(*PNAS*)等国际最顶尖杂志发表的一些最新成果,并悉心地指导我们学会思考科学问题和提出问题。

每次我们学生汇报结束,刘老师就会给出精彩的点评,让我们在加深对内容理解的同时也学到了很多思考问题的方式。读博士期间,在刘老师的大力引荐下,我得以与台湾"中央大学"的系统生物与生物资讯研究所所长李弘谦教授合作,共同研究生物网络演化的理论问题。在和李老师的反复讨论中,我学会了很多东西并对生物网络的进化有了更深入的认识。这几年里,刘老师也出巨资让我参加了各种全国性的学术会议,让我在扩展知识面的同时也认识了很多教授和师兄。此外,毕业在即,为了我以后能够很好地独立完成科研,为了以后工作上能有更好的发展,刘老师也开始给我很多自由发展的空间,让我自己能够独挡一面。授人以鱼,不如授人以渔。刘老师的良苦用心,学生永记在心。

桂林七星公园留影

对刘老师的感激之情,三言两语是说不完的,总之归为两个字"感恩"。真心地感谢刘老师,感谢他给我的教育与指导、肯定与鼓舞,让我有勇气面对荆棘人生。无论将来我走到哪里,都会真诚地祝福您!祝愿刘老师及其家人阖家欢乐,身体健康!

镇江金山公园留影

个人简介

姓名:蔡水明,1983 年 10 月生,福建莆田人。

主要经历:

2002 年—2006 年,在福州大学数学与应用数学专业攻读学士学位。

2006 年—2009 年,在上海大学应用数学和力学研究所攻读硕士学位。

2009 年至今,在上海大学应用数学专业攻读博士学位。

主要研究兴趣:生物系统的建模与分析,复杂动力网络的控制与同步。

联系电话:13636539655

电子邮箱:caishuiming2008 @ 126.com

通讯地址:上海市上大路 99 号上海大学系统生物技术研究所 200444

上大师生情

樊庆端

初遇刘老师

我在 2001 年来上海大学读研究生是很幸运的,当时报考的学校不是上海大学,调剂过程中来到这里,我发现这里的师资力量很强。恰好一个大学同学已经在上海大学读研究生,他进一步给我介绍了办学特色和学校的新图书馆大楼,当时新校区的工程刚刚结束,我感觉这是我见过的最好的一所学校,一定要来这里读书。幸运的是,我们这一届的硕士招生规模扩大,这样的大好机遇使我成为上海大学的一名学子,也成了刘老师的一名学生。

记忆最深的是确定导师后的第一次谈话,当年入学跟刘老师读研的还有于文广和赵德勤两位,刘老师说是分别跟我们谈话,也可能再单独面试专业知识。现在还记得谈话前的等待情景,赵德勤先进了刘老师的办公室,于文广问我紧张否?因为之前听说刘老师的脾气和学问一样大,于是我说:"我的基础不好,不知被骂成什么样呢。"后来,见了刘老师,出乎意料地是他只了解了一些情况,估计是便于制订培养计划吧。刘老师认为成绩是次要的,关键是善于发现问题、思考问题。这其实和刘老师平时的认识是一致的,可能考虑我是刚入学的小硕士没有明确说出来。最后,我诚惶诚恐地走出了办公室。

天安门留影

治学方法

作为著名的应用数学专家,刘老师最关心的是问题的科学性,他的博士生的科研做得都很好,像杨凌师兄博士答辩时有 8 篇被 SCI 检索论文发表,后来自不必说。陈芳跃师兄、周进师兄等等,科研成果都令我羡慕不已。刘老师培养博士生的经验很丰富,因此我又来到他老人家身边攻读博士。平时,我们汇报工作或文献阅读情况,刘老师总是深入浅出、一语中的,把思路和有关前沿问题分析得十分准确,常常是让我等钦佩不已。刘老师的眼光特别具有前瞻性,20 世纪 90 年代初,虽然网络不发达,与国际交流也比较少,但刘老师特别留意国际研究动向,因此转向混沌同步与控制是国内比较早的。20世纪初转向复杂网络的过程我是亲眼所见的。1998年WATTS,DJ和STRO-GATZ,SH发表"*Collective Dynamics of 'Small-World' Networks*"。1999年BARABA-SI,AL和ALBERTR发表"*Emergence of Scaling in Random Networks*";NEWMAN,MEJ和WATTS,DJ发表"*Scaling and Percolation in the small-world Network Model*"。同年,BARABASI,AL、ALBERT,R和JEONG,H发表"*Mean-Field Theory for Scale-Free Random Networks*"。到了2002年,BARABASI,AL和ALBERT,R发表"*Statistical Mechanics of Complex Networks*",这才有动态复杂网络的思路方法。据我所知,这是复杂网络研究成为一次新的热点较早的文献了,这时,刘老师就已经准备好带着我们转向这一前沿领域了。2004年毕业后,时常到上海大学来与老师交流,刘老师的独到眼光又显现出来了。在国外用系统的方法研究生物学刚有点起色时,刘老师发现这是一个好方向,也是提升上海大学科研实力的时机,经过筹划和争取学校的支持,于2006年就成立了系统生物技术研究所。

长城留影

西湖留影

关心备至

刘老师基本上每年都有新博士入学,身边少时4~5个博士生,多时6~7个博士生,工作是很辛苦的。工作上兢兢业业,自然就忙了。如果有谁在一段时间学习不太用功,刘老师就会在师兄弟们面前提醒你一两句话,别的也不多说,给你体面还能让你自觉学习。硕士毕业后,他经常给我们讲,学习生活自然是艰苦的。他经常给我们讲自己本科没有正规上完,就让国家分配到山西大同教中学去了。国家恢复招收研究生第一年,本科是物理专业的他就考了数学系的研究生,然后就是苦读、钻研。他讲这些话,也就是希望我们能完成学业,成为一名合格的研究生。

刘老师对学生是特别关心的,能帮助到细微之处。记得是 2002 年刚开学,刘老师了解到我们对经济学有点感兴趣。有一天,刘老师把我们三个叫到办公室,说这学期同济大学的偏微分方程专家姜礼尚老师开设金融数学这门课,每周五上午上课,他给我们申请了。姜老师还是上海市数学理事会理事长,这是给我们提供的多好的学习机会啊!到后来,同年入学的我们三个硕士,赵德勤学习自适应控制与同步,于文广学习经济学方面的,我则学习了动力系统的基本知识后,在刘老师的引导下学习了复杂网络。

再次学艺

刘老师总持鼓励的态度,大家选任何课题都可以,只要是感兴趣的事情,并且刘老师还根据学生的情况分析问题的可能性、解决方法的大方向以及提供他的见解,因此他的学生所研究的问题差别比较大。硕士毕业后,我在上海工程技术大学任教,由于没有数学专业,公共课的课时还是比较多的。刘老师每次说起来,总是勉励我,千万不能荒废了科研,毕业几年要找到新的研究方向啊!时间过得真快,一晃六七年过去了,我的科研也荒废得差不多了,幸好,2010 年刘老师还能招收博士研究生!这样我来到了他的身边接受熏陶,聆听他的讲学与教诲。在刘老师营造的研究氛围中,我有很强的自主性,因此这个学习过程又是快乐的。回顾硕士生活及现在的博士学习,由衷地感谢您——刘老师!感谢各位师兄弟们!

个人简介

姓名:樊庆端,1976 年 7 月生,山东郓城人。

主要经历:

1994 年—1998 年,在山东师范大学数学教育专业攻读学士学位。

2001 年—2004 年,在上海大学应用数学专业攻读动力系统方向硕士学位。

2004 年至今,在上海工程技术大学任教。

2010 年至今,在上海大学通信与信息工程学院攻读信息学与系统生物学专业博士学位。

主要学习兴趣:动力系统,复杂网络及应用。

联系电话:(021)66136131

电子邮箱:fanqingduan@163.com

通讯地址:上海市上海大学系统生物技术研究所　200444

老骥伏枥　润物无声

闫　芳

　　转眼间,来到上海大学(下文简称"上大")系统生物研究所跟随刘曾荣老师读博士学位已近两年时间了。回首往昔,刘曾荣老师对我的教诲仍历历在目。适逢老师 70 华诞,我满怀感激,写此短文以表达我对刘老师的感恩之心。无论为学还是为人,老师于我影响至深。在上海大学的博士生涯注定成为我学术和人生中的重要转折点。

　　俗话说"人生七十古来稀",但年近七旬的刘老师除了满头象征智慧的银发之外,丝毫看不出古稀老人的一点影子。他老人家说话声如洪钟,走路健步如飞,目光炯炯有神。我初次见到刘老师是在云南师范大学读硕士二年级的时候,正值举行纪念国立西南联合大学在昆明建校暨云南师范大学建校 70 周年庆祝活动,刘老师被邀请做大会报告,题目是《复杂性,复杂系统,复杂网络》。他声音洪亮,抑扬顿挫,激情澎湃,神采飞扬,几乎在座的每一位都被他所感染。与其说刘老师是做报告,倒不如说他是在演讲。更加吸引人的是

2012 年西安留影

他思维敏捷活跃,条理清晰,由浅入深,通俗易懂,使我这个当时没接触过复杂网络的人也能听懂个大概。著名科学家霍金在 20 世纪末曾预言:"21 世纪是复杂性的世纪。"刘老师认为网络是复杂系统建模的最好形式,在复杂性科学的现状下,最重要和最迫切的任务应该是建立具体复杂系统的网络,并进行认真分析。只有这样才会给复杂网络的理论研究提供有生命力的题目,而最好的系统应该从生物系统和社会系统中去找。他当时以高等生物的 24 小时节律产生为例作了说明。或许是这次精彩的报告才让我产生了跟随刘老师学习科学知识的念头。庆幸的是 2010 年我来到了上大,正式成为刘老师的一名博士研究生。

　　刘老师的敬业精神令我十分钦佩。他风雨无阻,坚持每周举行讨论班,让学生们汇报各自的研究工作。尤其令人感动的是,他老人家由于腰椎间盘突出刚做完手术,医生让他静养一两个月,而他仍然心

2009 年大理南诏风情岛留影

系工作,不忘指导我们。于是就让我们去他家开讨论班,这样的精神是何等的可贵!也正因为如此,每周的讨论和汇报工作对我们这些学生来说既是压力也是动力。

刘老师对学术研究的一个重要思想是"上天入地",简简单单的四个字是何等的精辟,尽显大家气概。具体来说,这句话的意思就是,要么就做纯粹的数学,把数学推理当作一种艺术、一种美去追求,这是所谓的"上天"。如果做不到这点,那就做应用数学,而真正的应用数学是要解决真正的"science problem",而非既不是纯粹的数学,也没解决实际问题,这就是所谓的"入地"。

刘老师虽已古稀之年,然而思想开放,让我们这些后辈感叹不已。他从不会限制学生做什么具体工作,而是采取开放式的培养模式,他放任我们自己去搜集文献和确定研究方向,然后向他汇报,而此时刘老师的高明之处就体现出来了。他知识渊博,物理、力学、数学和生物都很在行,无论我们找到什么题目,他总能贯通,联系到各个学科的知识,提出自己独到的见解,把原本平凡的想法变得极具有创新性。刘老师常教导我们说一篇文章并不是越复杂越好,而是重在它内在的"Idea",重在新意。平时,他会鼓励我们多浏览诸如 *Nature*、*Science*、*PNAS* 等高端杂志的文章,吸取最前沿领域的精华,但不是全然相信,而是敢于质疑。他不断示范我们如何想问题做研究。这些点点滴滴都让我受益终生。

谨以此文感谢刘老师对我的教诲和培养,并祝老师华诞喜庆,身体康健!

个人简介

姓名:闫芳,1984 年 6 月生,山西吕梁人。

主要经历:

2007 年—2010 年,在云南师范大学应用数学专业攻读硕士学位。

2010 年至今,在上海大学数学系攻读博士学位。

主要研究兴趣:系统生物,微分方程与动力系统,分叉。

联系电话:15901829983

电子邮箱:yfmath@ shu. edu. cn

通讯地址:上海市上大路 99 号上海大学系统生物研究所　200444

2012 年上海大学留影

有一种爱叫崇拜

周培培

　　一个人的一生中有真正的良师益友并不容易,一旦拥有便拥有了一生的财富。我备感幸运的是在漫漫求学路上能遇到他——刘曾荣老师。

　　2010 年,我毅然辞去了一份在北京不错的工作,孤身南下,来到了繁华的上海。这是一座与北京有着不同文化氛围的大都市,在这里我第一次见到了刘老师。

　　杜甫《曲江二首》中写道:"酒债寻常行处有,人生七十古来稀。"要不是早已耳闻刘老师快 70 岁了,我怎么也不会相信,我见到的这位老先生就是我的导师。喊他"老先生"是表示对他的尊敬,其实他看起来一点都不老,尤其是他的"大嗓门"。认识刘老师的人可能都会知道刘老师这一显著特点。刘老师上课从来不用扩音器,无论是小教室讨论还是大教室作报告。刘老师在研究所里喊他的学生从来不用找人代劳,喊一嗓门,学生立马就知道了。从这一点也能看出刘老师的身体非常健康,对科研的热情非常高涨。

　　其实,刚开始我和刘老师接触的机会并不多,所以我对刘老师的印象一直都是一个似乎非常的严厉的"小老头"。的确,他的那个大嗓门,批评起人来还真是有点吓人。所以我一直对他有一些敬畏,能不见面尽量不见面。可是后来慢慢接触时间长了,接触的机会多了,我发现刘老师其实并不总是那么的严厉。他是课上严厉,你对问题没有深刻理解的时候严厉,该下工夫你没有下工夫的时候严厉。严厉的批评之后,他又会和蔼地说,今天批评的有点重了,但是学术上就要严谨,锱铢必较……接下来的话题又会和你转到学术上。总之,无论什么时候你和刘老师聊天,他总能把你引到学术上来。

　　"独学而无友,则孤陋而寡闻",刘老师经常组织大家讨论问题,每周一次的讨论班是雷打

2011 年上海大学留影

不动的,上午硕士,下午博士。他总是让学生把问题"拿出来"和大家一起讨论,大家集思广益、分享观点,于争辩中学习研究,于学习研究中增进情谊,于情谊中逐步成长。2011年研究所的新年联欢茶话会上,有同学提议,我们研究所虽然是一个交叉背景很强的科研组织,但是对于一些刚进来,或者交流还不够多的同学而言,"交叉什么,如何交叉",可能一时还不够理解。听到了这样一条建议,刘老师主动在新学期给我们开了一门讲交叉的课程。于是,现在,我们每周一又多了一次交流的机会,而且这次不单单是我们课题组了,所里的全体学生都可以参与。同时,在生活方面,刘老师经常提醒大家注意身体,保证休息。每逢佳节倍思亲,每逢节日,刘老师都会组织我们一同团圆,导师的悉心关切和谆谆教诲,让我们这些求学在外的学子有了家庭的温暖与感动!

泰山不让土壤,故能成其大;河海不择细流,故能就其深。刘老师对待每一个问题总是那么的认真。现在的学术论文基本上都是用英文撰写的,而且对于我们学习系统生物的人来说,经常要看一些实验的文章,这类文章经常都有一些文字性的描述,专有名词又一大堆,对于一个快70岁的人来说,重新开始学习这些专有名词实属不易。而刘老师就是这样,硬是把这些长篇大论的文章啃下来了。每篇文章,刘老师都要看个好几遍,生怕漏下了什么重要的信息,真是佩服他老人家对科研的这种劲头。刘老师的这种行为与态度也给我以启迪,激发了我对严谨治学态度的追求。刘老师还为学生们提供了很多与外界交流、学习的机会,让大家在学术上进行大胆的创新。自始至终他给大家营造的都是一种自由、轻松的学术氛围,鼓励大家创新探索。每次与刘老师进行交流,都会收益颇多,总有拨云见日的感觉。

转眼间,我在上海大学系统生物技术研究所已经度过了两年的博士生生活。清风系不住流云,流云记载了岁月,我记住了岁月的点点滴滴,记住了我与刘老师之间深深的师生情。

对父母的爱是亲情,对朋友的爱是友情,而对刘老师的爱是崇拜!崇拜着这样一位老人,他对工作是那么的有热情;对科研是那么的有激情;对学生是那么的有亲情。

在此,我真心地感谢刘老师,感谢他的教育与指导,他的肯定与鼓舞,他对学生的一切一切。一日为师,终身为父,不论以后学生在哪里,您都将是我永远的老师,学生永远祝福您,祝您身体健康,阖家欢乐!

2011年桂林留影

个人简介

姓名:周培培,1984年5月生,安徽亳州人。

主要经历:

2001年—2005年,在阜阳师范学院数学与应用数学专业攻读学士学位。

2005年—2008年,在北京交通大学应用数学专业攻读硕士学位。

2008年—2010年,在北京建华实验学校工作。

2010年至今,在上海大学系统生物研究所攻读博士学位。

主要研究兴趣:生物系统的建模与分析,非线性动力系统。

联系电话:18801625448

电子邮箱:513zpp@163.com

通讯地址:上海市上大路99号上海大学系统生物技术研究所　200444

刘老师的手表给我的人生启发

张立震

和刘老师认识是 2001 年的事情，那时每周都有机会聆听刘老师的"动力系统和分叉"课程，就和刘老师慢慢地熟悉了，本来打算硕士毕业读他的博士，可是由于家庭原因，毕业后就参加工作了，一直没有对老师进行深入了解的机会。

好在从 2010 年起，我又回到上海大学攻读博士学位，慢慢地和刘老师接触的时间多了起来，也就有时间经常和他交流、深入了解。那段时间还参加了刘老师的讨论班，也有了和老师一起来往宝山、延长校区的机会，对他的了解就更多了。同时我不免开始注意刘老师的生活细节。有次和老师一起在平型关路等校车，我说："刘老师，还差 5 分钟就到时间了"，老师说："是的，还有 5 分钟校车就要来了"。可是偶然间，在他看手表的时候，我看到刘老师的手表整整快了 5 分钟，我说："刘老师，你的手表快了吧，还有 5 分钟才到呢"，刘老师说："这是我的习惯，我习惯于把手表调快 5 分钟，这样有个紧迫感，不

2007 年天津塘沽外滩留影

至于晚点，而且可以提前安排行程"。刘老师的这个生活习惯蕴含着他的人生态度和处世哲学。一直以来，刘老师都是走在时间前面的人，走在科研、工作前面的人。从这件小事可以看出，老师的治学习惯和处世风格也都是走在前面、提前思考和做准备的。

刘老师是一个思维相当缜密的人，他关心的事情事无巨细，件件记在心间，而且时间绝对不会出错。一天两天能做到这一点不算什么，但是要能够数十年如一日地做到这一点，我想这事实在是太难了。想想自己有时丢三落四，不免深深地感觉惭愧，我一定好好地向刘老师学习。在对待学生上，刘老师对每个学生做的东西都了如指掌。会给予学生十分深入且有针对性的指导，如果有时遇到他不了解的东西，一向好学、对新问题充满乐趣的他会从头学起，一定要给予学生最有价值最有意义的指导。有时他重新学习的东西的深刻程度，比我们学习了很长时间理解的程度还要深入得多。说实在的，我自认为也是一个时间观念很强的人，但是有时在很多事情上却不免在浪费时间，提前很长时间的瞎紧张、瞎忙活，真正

2008 年天津博物馆留影

到做事的时候反而耽误了时间,起个大早赶了个晚集。有时自己不免抱怨不会安排时间,其实与其说自己不会安排时间倒不如说自己对事情提前准备得不充分、不到位。刘老师给我的启发不仅仅在于时间观念方面,更重要的是对人生态度方面,他教会我如何安排自己的时间,如何面对自己的诸多选择和如何处理自己生活中的细节。刘老师的手表给我的启发和影响是一生一世的。

刘老师思维敏捷、超前,高瞻远瞩。70 岁的老人,思维的灵活与缜密一点也不逊色于年轻人,甚至比年轻人的思路更开阔,思考问题更深入、更系统、更灵活。刘老师在对学生的教育上更是让我们深深地崇敬,他关心教育的方式方法、教育的深度、中外教育的异同点,并时时关注国内教育的发展和现状。可以说,他在对教育的认识上也是超前的。有一次,我问刘老师:"几乎每次动力系统前沿科学的变革您都能走在前面,80 年代初对混沌的研究,21 世纪前后对复杂网络的研究和思考,以及随后的生物学和数学的联姻,那么接下来我们这个学科领域的前沿应该是什么呢?"刘老师说:"对复杂网络的研究远远没有深入到动力学的本质,还不能够真正地将复杂网络的应用体系化、理论化,接下来对实际应用科学中复杂系统的复杂网络建模和分析一定会成为应用科学的新热点"。这是一位思维多么超前、多么高屋建瓴的老人啊。记得诺贝尔奖获得者李政道先生在 2005 年深有感触地指出过:"科学家不能看到别人站在浪头上再去追逐这个浪头,等赶上了,这个浪头也过去了,要分析什么是新浪头,要做新浪头的创造者。"刘老师就是科学前沿新浪头的创造者。一只手表就能体现出刘老师为科学所作出的超前的准备,更反映出他超前的深邃的思维方式和处世哲学。

只有随时尝试新事物,寻找新灵感,而且永远要比未来快一步,具有这种雄心与条件的人,才能真正成为科学上成功的人。让我们沿着这位 70 岁的老人为我们指明的方向勇敢地走下去。在此,我要深情向刘老师说一声:"刘老师,谢谢您!"

个人简介

姓名:张立震,1976 年 8 月生,山东临清人。

主要经历:

2001 年—2004 年,在上海大学理学院系统分析与集成专业攻读硕士学位。

2004 年至今,在天津工业大学理学院任教。

2010 年至今,在上海大学应用数学和力学研究所攻读博士学位。

主要研究兴趣:动力系统分叉混沌,复杂系统及应用,复杂网络,计算机应用。

联系电话:13682119465

电子邮箱:lzhzhang0@yahoo.com.cn

通讯地址:天津工业大学理学院   300387

2012 年与女儿在上海留影

庆刘曾荣先生 70 华诞贺联

张海亮

有刘先生这样的导师实在是荣幸之至，特撰贺联三副。
祝刘先生如松柏常青！

晋皖苏沪勤耕耘
梅兰竹菊齐争艳
桃李芬芳

数学实应用数学先生多有卓见
生物乃网络生物吾辈尚需探索
数坛奇葩

出生浦江应主席号召青春呈三晋
回归苏沪顺时代洪流华甲见异彩
松柏常青

浙江海洋学院校园留影

天目山硅林留影

个人简介

姓名:张海亮,1966 年 8 月生,山西柳林人。

主要经历:

1991 年 9 月—1994 年 7 月,在山西大学数学系攻读偏微分方程方向硕士学位。

1999 年 9 月—2003 年 5 月,在西安交通大学攻读应用数学专业博士学位。

2003 年 6 月—2007 年 8 月,在山西大学任副教授、硕士生导师。

2004 年 9 月—2006 年 8 月,在上海大学理学院做博士后。

2008 年 8 月至今,在浙江海洋学院任教授、数学系主任。

主要业绩:承担国家自然科学基金、省自然科学基金项目 4 项,现主持浙江省重中之重课题 1 项,浙江省自然科学基金项目 1 项,发表学术论文 30 余篇,16 篇被 SCI、EI 检索。

主要研究兴趣:偏微分方程,海洋生态动力系统。

联系电话:13616802839

电子邮箱:hlzhang@ zjou.edu.cn

通讯地址:浙江舟山群岛新区浙江海洋学院数学系　316000

心中的大师　永远的朋友

徐建华

今年是刘曾荣教授的 70 华诞,在此我衷心地祝愿刘老师健康长寿。

同刘曾荣教授的相识可追溯到 20 世纪 80 年代。那时我还在安徽大学读硕士学位,师从郑祖麻教授。期间刘老师给我们开设摄动理论这门课。那时候我们几个师兄弟基本上都是本科刚毕业,对学问是怎么一回事都还不甚了解,但刘老师在课堂上那洪亮的嗓门却给了我们很深的印象。而另一个让我们难忘的是,刘老师的论文还能在《物理学报》等科学刊物上发表。按我当时的理解,数学教授的论文当然就该在数学刊物上发表,这样的观点也许不止我一个人有。好多年以后我才真正领悟到,刘老师的思想在很早以前就超越他的那个时代,他在应用数学方面的不懈追求是常人难以想象的。

原安徽大学数学系邱书记来上海看望刘曾荣教授

由于年龄上差距不大,所以我们同刘老师的交往就不是那么拘束。记得在许正范教授搬家时,刘老师指挥我们几个学生搬家具、搬书井井有条,一屋子的东西不到一个小时就搬到车子上了。他更像是我们的兄长一样,我们也乐意听他指挥。可是在我们硕士还没毕业的时候,刘老师去了苏州大学任教。只是在 1990 年的春季,听导师说刘老师要到中国科技大学开会,我们师兄弟几人才与刘老师见了一面。在那次大会上刘老师作了一个小时的大会报告,我们都羡慕不已。

直到 2004 年我来上海海事大学工作时,才得知刘老师是在上海大学工作。在一次聚会时,刘老师得知我目前的科研状况及所遇到的一些困难,就当场表示愿意帮助我,可以推荐我去他那儿做博士后。于是在 2005 年,我顺利地通过了上海大学数学博士后流动站的申请,师从刘老师开展研究工作。在博士后的三年中,我首次接触到了复杂网络及其同步的理论,还学习了系统生物学方面的一些知识。更重要的是,刘老师给我们传授了各种应用数学的思想和方法,告诉我们什么才是真正的应用数学。他经常告诫我们,做研究工作一定要有"New Idea",真正高质量的论文甚至不需要一系列的定理和推论。这些都是我以前未曾听说过的。虽然三年的博士后工作没有取得预期的成果,但是在刘老师的引导下我已跨入到应用数学的前沿领域,也接受了许多崭新的科研理念。刘老师的许多教诲让我受益无穷。

刘老师在应用数学领域是一位德高望重的学者，不仅取得了丰硕的研究成果，而且所涉及的研究领域非常宽广，包括力学、管理学、系统生物学等。在我们学生心目中，刘老师敏锐的思维和充沛的精力是我们望尘莫及的。特别是系统生物学研究所建立后，刘老师几乎每天都去上班，十几个学生轮流指导，还每周组织两次 Skype 会议，这在 60 多岁高龄的博导中是不多见的。然而在一次同师母毛老师聊天中我才得知，刘老师的身体状况并不是我们想象的那样，每次下班回到家中都必须休息一两个小时才能吃晚饭。我这才知道，刘老师的充沛的

校友聚会合影

精力是来自于对工作的巨大的热情和认真负责的态度。这种科研精神永远感动着我。

作为刘老师的学生是幸福的，不仅表现在他的和蔼可亲，对学生的关心帮助，而且表现在他对学生的尊重。刘老师常说的一句话是："你们的论文都不要把我放第一作者"。这句话虽然很简单但分量很重。其实多数论文的起初想法都是刘老师直接或间接提出的，甚至使用什么方法也都加以指导，但发表论文都是学生做第一作者。能做到这一点的导师就是令人钦佩的。在博士后工作期间，我的科研工作有一段时间很不顺利，思想包袱很重。刘老师给了我很多鼓励，也给我说起他以往的一些不平凡的经历。我才认识到我的这点挫折不算什么，现在的科研环境比起十几年前好多了。最终在刘老师的悉心指导下我完成了博士后的研究工作。作为导师，刘老师能够设身处地地替学生着想，能理解学生，这才是难能可贵的。

我现在虽然不在老师身边，但是还能记住刘老师的每一句教诲。老师的崇高的品德、孜孜不倦的科研精神一直激励着我。我也会像刘老师那样关怀自己的学生。刘老师是我心目中的大师，也是我永远的朋友。

谨以此文献给我尊敬的刘曾荣老师。

个人简介

姓名：徐建华，1966 年 2 月生，安徽合肥人。

主要经历：

1995 年—1998 年，在湖南大学应用数学专业攻读时滞微分方程方向博士学位。

1990 年—2004 年，在安徽大学数学学院任教。

2005 年—2008 年，在上海大学数学系做博士后研究工作。

2004 年至今，在上海海事大学文理学院任教。

主要业绩：主持 4 项市教委基金项目研究，获得安徽省科技进步三等奖 1 次，发表论文 30 余篇。

主要研究兴趣：时滞微分方程及应用，船舶运动动力学。

联系电话：(021) 61186387

电子邮箱：xjh@ shmtu. edu. cn

通讯地址：上海市上海海事大学文理学院   201306

回首上海忆恩师

申建伟

记得第一次见到刘老师是在 2002 年 8 月的 ICM2002 国际数学家大会卫星会议——分岔与混沌会议上,我当时作为李继彬老师的硕士生参加了会议,也在那次会议上认识了刘老师,对刘老师印象深刻。再加上此后拜读了刘老师的著作《混沌的微扰判据》,对刘老师的学术成果有了更进一步的认识。2006 年 6 月,我到成都参加第一届随机动力系统国际会议,碰到了李老师,李老师非常关心地问我博士毕业后的意向,我说想从事博士后研究,当时我想转行从事生物系统的研究,希望跟着刘老师从事这方面的工作。李老师很热情地帮忙引荐,这样我就有幸成为了刘老师的学生,也为近年来从事生物网络的研究打下了基础。

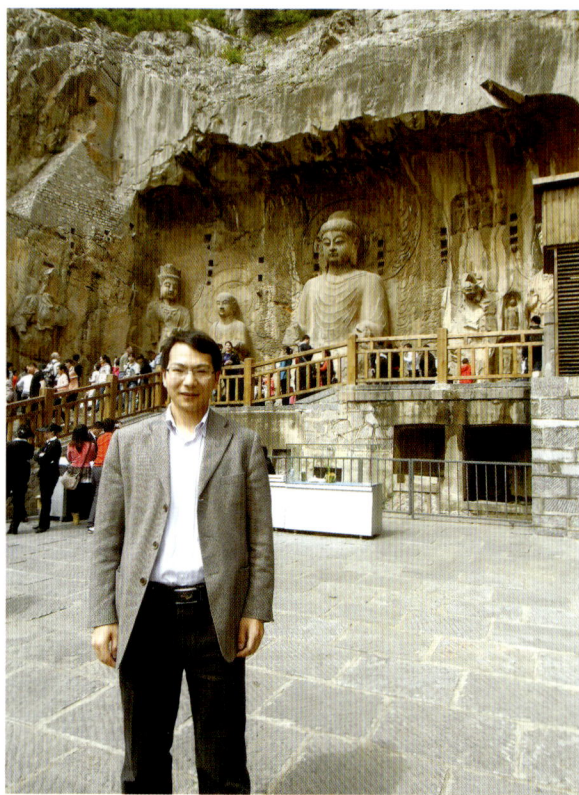

洛阳龙门石窟留影

于是 2006 年 12 月,我从西北工业大学毕业后,就直接到上海大学跟着刘老师从事博士后研究。在硕士和博士阶段,我主要从事非线性波方程分岔及其动力学行为方面的研究工作,这方面我已经获得了一些进展,但是总感觉出不了太大的成果。当时我对生物系统比较感兴趣,就征求刘老师的建议,正好此时上海大学系统生物技术研究所刚刚成立,陈洛南老师也经常在研究所,通过和两位老师的交谈,我开始慢慢理解了什么是系统生物学以及怎么从数学和力学的角度去研究生命科学。说实在的,当时虽然理解了系统生物学的含义,但是要想选择一个合适的研究方向仍然很困难,此时生物系统中小 RNA(Ribonucleic Acid)的研究非常热,刘老师给我们做了一个关于小 RNA 鲁棒性的报告。通过认真研读这方面的成果,知道了小 RNA 的特性及相关建模的问题。我从原来从事理论研究刚进入生物领域,当时感到最麻烦的就是建模问题,此时刘老师让我们开始学习 Wolkenhauer 教授刚刚完成的手稿 *Systems Biology-Dynamic Pathway Modelling* 一书,让我们每周轮流讲。在讨论班上,刘老师经常给我们总结系统生物学的动态分析的思想和如何建模。从这个讨论班开始，我逐渐学会了建模的基本思想和方法，后来刘老师又多次请相关的专家给我们做系统生物学的报告。在听报告时，我感受最深的是每次报告结束，刘老师总要把报告人的讲解思路和内容概括一下，从这个概括总结中，我们学到了更多的知识和方法。通过近一年的系统学习，我逐渐对系统生物学以及小 RNA 的建模及其动力学研究有了初步的认识，也开始了这方面的研究工作。我的第一篇关于小 RNA 的论文发表在 *Physica A* 上，这个结果和模

和妻子、女儿的合影

型目前已经被俄罗斯科学家在国际著名期刊 *Physics Reports* 上引用。博士后期间的研究工作为我目前从事小 RNA 的动力学研究打下了坚实的基础。刘老师不仅把我们领进一个容易出成果的新领域，更教会我们如何做研究的方法，这一切对我后来的影响非常大。

近年来，我先后入选河南省高校科技创新人才支持计划和教育部新世纪优秀人才支持计划，这些都是与博士后期间的成果分不开的。有幸成为刘老师的学生真是我们的骄傲，刘老师不仅教给我们知识，更重要的是教会我们做研究的方法，这些将会在我们以后的研究工作中受益不尽。谢谢刘老师，也祝您和师母身体健康，天天开心。

个人简介

姓名：申建伟，1976 年 11 月生，河南许昌人。

主要经历：

2001 年—2003 年，在昆明理工大学应用数学专业攻读动力系统方向硕士学位。

2003 年—2006 年，在西北工业大学应用数学专业攻读动力系统方向博士学位。

2006 年—2008 年，在上海大学做博士后研究工作。

2009 年—2010 年，在日本东京大学生产技术研究所做客员研究员。

2008 年至今，在许昌学院应用数学研究所工作。

主要业绩：主持完成 2 项国家自然科学基金项目研究，入选 2009 年度河南省高校科技创新人才支持计划和 2010 年度教育部新世纪优秀人才支持计划。

主要研究兴趣：动力系统分叉混沌及控制，复杂系统及应用。

联系电话：(0374)2968673

电子邮箱：jwshen8@yahoo.com.cn

通讯地址：河南省许昌市八一路 88 号　461000

刘曾荣教授印象

刘海鸿

第一次见到曾荣老师是在 2008 年。6 月的昆明，时常下雨。一天中午，我恰巧在云南师范大学数学系一楼的教务办公室里，时近期末，那些天办公室里人有些多。忽见进来一位身着白衬衫手里拿着雨伞的老先生，银色的头发下显出乌黑的浓眉，眼睛炯炯有神，中等个头，体形壮实，稍有些胖的样子。"哎，请问化教授的办公室在哪一间啊？"声音挺大的，整个办公室里的人似乎一瞬间都怔住了，也可能是听不懂夹杂着上海口音的普通话的缘故。这时，我走上前去……原来，曾荣老师是顺道来访问系里一位教授的，因为在机场错过了见面，所以直接来到了这里。之后我便认识了曾荣老师，直至后来在上海完成了两年的博士后工作。

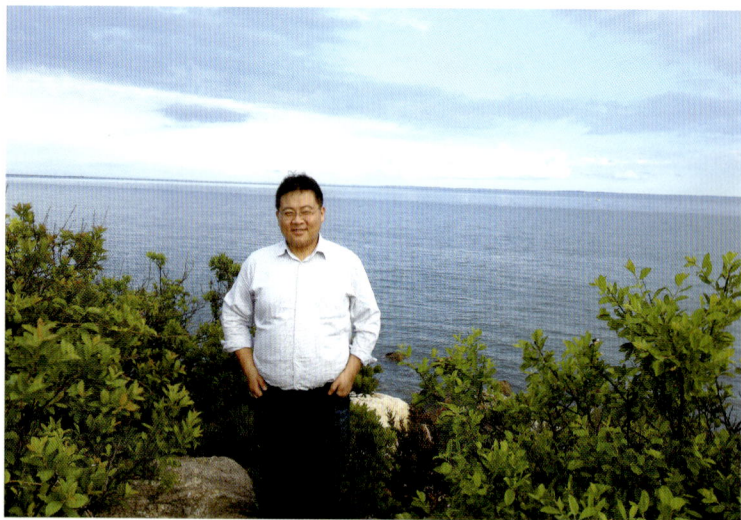

2012 年美国宾州伯利恒留影

在上海做博士后研究期间，经曾荣教授介绍，我主要是到中科院上海计算生物所工作。在那里参加朱新广研究员的研究小组，从事植物叶片光合作用的数学模型的建立与数值模拟。那时刘老师差不多 2~3 周左右会到研究所来参加例行的研讨会，每当这时，新广教授总会事先吩咐学生们关好讨论室的门。只因为在一次学术讨论会上，当谈到植物叶片内的导管纤维竟能在常温常压状态下实现水从液态到气态的相变，讲到妙处，曾荣老师思路豁然打开，心情也十分激动，自然声音也就随之大了许多。这倒不要紧，竟弄得路过讨论室人也都在门口驻足想一看究竟，不一会便围了许多人。自那以后，每逢有曾荣老师参加的学术研讨，关上门也就是自然的了。曾荣教授就是这样，在令人激动的学术火花面前，他从不介意，有时天真得像个小孩子。他一直强调要做大问题，读好文章。在我看来，这不只是要求，更是一种追求。因着这种追求，他身上时而会透露着一种非同寻常的气质，一种大家气度。

由于地利之宜，在昆明时，我曾和曾荣教授夫妇有过几次闲聊的机会。从而得知，曾荣老师经历过曲折的青年时代和艰辛的奋斗历程。其中一个事情至今让我印象深刻。大概还是在安徽的时候，一天中午,夫人外出买菜,走前交代过要记得收回晾晒在窗外的被褥。无奈曾荣老师专心致志,心无旁骛地钻研文献,忘了夫人的嘱托。一场突然而至的大雨浇透了被褥,也淋透了那个年代脆弱的生活。晚上只好哭泣床头,彻夜无眠。想到这样的场景,可以看到那时生活的艰辛,更可知他在年轻之时便有了惜时如金、执著勤奋的坚定信念了。也正因这等努力和坚强,才有了如今的收获和成就。

和曾荣老师的交流是愉快的,真诚的,能得到他的指导和教诲也是幸运的。笔者现在美国 Lehigh 大学数学系做为期一年的学术访问,十分遗憾不能参加刘曾荣教授 70 华诞庆祝暨学术交流活动,谨以此短文祝贺老师及家人身体健康,平安幸福!

2010 年香格里拉留影

2012 年 4 月 16 日于美国宾州伯利恒

个人简介

姓名:刘海鸿

主要经历:

1994 年 7 月—1998 年 7 月,在云南师范大学数学学院基础数学专业,攻读学士学位。

1999 年 9 月—2002 年 7 月,在云南师范大学数学学院基础数学专业,攻读硕士学位。

2002 年 9 月—2006 年 7 月,在清华大学数学科学系应用数学专业,攻读博士学位。

2006 年 7 月至今,在云南师范大学数学学院任教。

2008 年 5 月—2008 年 7 月,南开大学陈省身数学研究所访问学者。

2009 年 10 月—2011 年 10 月,上海大学博士后,上海生科院计算生物所访问学者。

201 年 10 月—2012 年 10 月,美国 Lehigh 大学数学系访问学者。

主要业绩:完成 1 项数学天元基金项目,主持 1 项云南省基金项目,发表论文 20 余篇。

主要研究兴趣:偏微分方程及动力系统理论及其在生物问题中的应用。

联系电话:13668759433

电子邮箱:lhhmath@ yahoo. com. cn

通讯地址:云南省昆明市一二一大街 298 号云南师范大学数学学院　650092

记恩师刘曾荣教授

丰世富

　　1994 年,我于杭州师范学院(现已更名为杭州师范大学)数学教育专业本科毕业,原想毕业后回老家淳安千岛湖的某个中学做个数学老师,不曾想大三时受到一位老师(不好意思,我忘了这位老师的名字)的鼓动,动了报考硕士研究生的念头。之后到学校图书馆查询招生简章。当翻到苏州大学的招生简章时,第一次看到了刘老师的名字(当时刘老师在苏州大学工作)。我很冒昧地给刘老师写了一封信,信中除了表达我想报考他的研究生的意愿外,同时也委婉地提到能否在专业基础课(常微分方程)的复习迎考上提供一些建议。没想到,很快就收到了刘老师的回信,信中除了欢迎我报考之外,还特意给我寄了一份上年度的常微分方程课程的招生考试试卷,我非常感动,心里想刘老师一定是一位非常热情、对学生友善、乐于助人的老师。

　　待到通过初试,来到苏州大学参加复试,才第一次面对面地接触到了刘老师。当时刘老师提了一两个问题,我作了简要回答,也不知道回答是否令他满意,考虑到复试成绩也会影响到录取,心里还是很忐忑的。一段时间过后,我顺利地收到了苏州大学的硕士研究生录取通知书,心想,这回成为刘老师的学生真的有希望了!

　　新学期开始了,我成为苏州大学的一名研一新生,在确定专业研究方向及指导老师上,我毅然决定跟随刘老师。我清楚地记得当时确定的研究方向是动力系统中有关混沌控制方面的课题(现在刘老师早已改换研究方向,做更加前沿的系统生物学方面的课题了)。

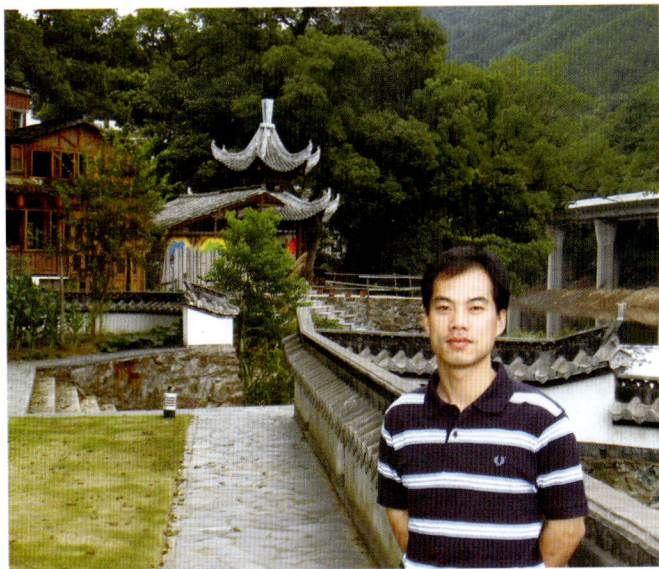

2006 年江西婺源留影

　　研究生三年期间,刘老师上讨论班时充沛的精力,讨论问题时特有的激情,对前沿课题敏锐的洞察力,做研究一丝不苟的态度深深地让我折服;而生活中的平易近人,对学生的关爱,更让我体会到一种亦师亦友的关怀和温暖。真的,刘老师,做您的学生,真好!

　　1997 年研究生毕业后,我参加了工作,而刘老师也迈出了人生中重要的一步——离开苏州大学,去上海大学工作。之后,由于工作的关系,我和刘老师的联系越来越少,直到杨凌去读刘老师的博士,才了解到刘老师已经更改了研究方向,做起了系统生物学方面的课题。老骥伏枥,志在千里,花甲之年毅然改变科研方向,投入到一个全新的科研领域,这需要多大的毅力和勇气啊,真是令人钦佩!

今年,刘老师已是古稀之年,却仍然活跃在教学科研的第一线,衷心祝愿刘老师和师母身体健康、工作开心,永远翱翔在科研的海阔天空中!

2011 年布达拉宫留影

个人简介

姓名:丰世富

主要经历:

1990 年 9 月—1994 年 6 月,在杭州师范学院攻读学士学位。

1994 年 9 月—1997 年 6 月,在苏州大学攻读硕士学位。

1997 年 8 月至今,在苏州大学数学科学学院工作。

联系电话:13616202664

电子邮箱:fsfu@ suda. edu. cn,919219671@ qq. com

通讯地址:苏州市十梓街 1 号苏州大学数学科学学院   215006

往事琐忆

赵德勤

2001年我从吉林大学数学系本科毕业，接着考研，可惜当时公费名额太少而当时家庭经济困难，后来有幸转到上海大学跟着刘老师学习。从此刘老师就领着我，一步一步地接触了非线性动力系统领域。更重要的是，我从刘老师身上看到了一种学者风范并终生受益。

一直以来，刘老师给我的印象是渊博的学识、谦虚的学术精神和强劲的自学能力。刘老师本科是学物理专业的，后来读了安徽大学数学系的研究生。那个时候考研是非常困难的，不像现在的扩招。每次刘老师都说我们师兄弟是数学专业出身的，基础比他好。其实我们都知道这是刘老师激励我们要更加努力。我曾经问过刘老师写的一篇文章，是关于用梅尔尼科夫函数判断混沌的，他告诉我要用到《复变函数》中的留数理论。我自己查看了一下《复变函数》，里面确实有这方面的内容，但讲的比较浅显。后来看了刘老师的著作《混沌的微扰判据》才发现，如果没有很强的计算能力是不可能做出这么繁杂的计算的。想起刘老师写书时，中国的计算机发展还刚刚起步，他竟然能仅仅靠着人工做那么复杂的计算，更加让我佩服了。不仅这样，刘老师研究的领域涉及面特别广，跨度非常大。纵观他的著作，从《两维平面映射的奇怪吸引子》到《混沌的微扰判据》，从《混沌研究中的解析方法》到《混沌生物学》（与他人合著），以及近期出版的《非线性动力学理论与应用的新进展》中的"网络结构和动力学"，还有大量的在国内外

孔府留影

著名期刊发表的论文，我们可以发现他的研究领域包含了物理、数学、生物及复杂网络。在每一次的跨领域转变背后，刘老师都做了大量的充分的准备。他不断地向新领域挑战，在每个研究过的领域内，他都做了卓有影响的工作，而不是蜻蜓点水、浅尝辄止。

作为一个地道的上海人，刘老师同时也表现了上海人的特征：守时和认真。记得2002年开学的第一天，我和樊庆端、于文广师兄弟三人到办公室去见他。年前放假时他讲过让我们几个来年开学8点钟到他办公室。我们三个都是外地人，总觉得刚过了年，大家还沉浸在节日的氛围中，又是第一天，应该不

在合肥植物园与家人合影

会太认真吧。我们边走边聊,等到8点20分到办公室时,发现刘老师已经在那里等我们了。他那天很生气,冲着我们发了几句火,大致意思就是不遵守时间就是浪费别人的生命之类。后来看到一些关于国外和香港等地的报道才知道,他们确实很遵守时间的。作为安徽人来说,我后来确实好好思考了一番,为什么安徽经济不如上海呢?仅仅是地区差异和国家政策的关系吗?我想很大程度上还是和时间观念有关吧。这点从我和刘老师的对比中就体现出来了。从此以后,我们无论在学习上,还是工作上都不敢马虎了。后来做毕业论文的时候,刘老师帮我们修改,从遣词造句到标点符号,一点都不放过。他认真的做事风格,对我一直影响至今。

虽然在学习上,刘老师对我们要求很严格,但是在平时生活中,他也会显示出随和的一面。有一次我们在办公室讨论论文,不知不觉就到了中午吃饭时间,刘老师就提议带我们师兄弟三人去教授餐厅吃饭,他请客。由于他是长者,吃饭时我们三个都有点拘束。等到排骨上来时,刘老师一边殷勤地请我们动手,一边自己挽起袖子,双手抓起一个排骨大吃起来。我很愕然。我想象中的教授都是很斯文的,至少在弟子面前总应该斯文点吧。他一再劝我们快动手。受了他的感染,我们也纷纷学着他的样子,用手抓住排骨大吃起来,师徒一起吃个碗空盘干。我突然有一种感动,原来我们老师还有这样的情怀,而不仅仅是一个严师啊!

以前只知道刘老师一生献身教育事业,桃李满天下。前一阵从一份不完全统计的名单上,我终于有所体会了。真没想到在他教过的学生中有那么多优秀的,现在有的也已经成了博导了。这一刻,我对"大师"这个词有了更深的理解!

全家在青岛奥体中心合影

个人简介

姓名:赵德勤,1978年6月生,安徽界首人。

主要经历:

1997年—2001年,在吉林大学攻读学士学位。

2001年—2004年,在上海大学攻读硕士学位。

2004年至今,在合肥工业大学数学学院任教。

主要业绩:参与合肥工业大学研究生教改项目1项,参与安徽省教育厅教改项目1项。发表论文5篇。

主要研究兴趣:动力系统混沌控制与同步,复杂网络及应用。

联系电话:13966757960

电子邮箱:zhaodeqin2009@126.com

通讯地址:安徽省合肥工业大学数学学院　230009

难忘恩师

于文广

接到刘老师 70 华诞庆祝活动的通知后,我的心情异常激动,因为自 2004 年毕业后再也没有回过上海,这次终于可以借导师的 70 华诞之际见到导师了。同时,也促使我认真回顾了那段在上海大学学习和生活的三年难忘岁月。虽然我已经毕业 8 年了,但是硕士研究生的那段生活依然鲜活地停留在我的脑海里,更重要的是导师的谆谆教诲仍在滋润着我的成长。

记得研究生复试完之后,我约导师见了一面,表达了自己想跟他读研的想法,而导师跟我谈了他现在研究的一些具体问题,使用哪些工具,需要用到什么知识,同时问了我一些个人情况,如大学期间学的课程有哪些,各门功课的成绩如何,平常有哪些爱好等等。最后,导师很严肃地说,你回去之后好好地看《常微分方程》,开学之后我要出几道题目考考你,如果答的还可以的话我就招你。从那个时候起,导师对学生严格要求的风格就深深地印在我的脑海里。

2001 年导师招了三个研究生,我是其中一个。第一年导师开设的专业基础课是动力系统基础,每周两次课。第一次上课的时候,

北京大学未名湖留影

导师先简要地介绍了这门课的大体框架,然后对我们三个学生提出具体要求:从下一次课开始,让我们三个轮流上讲台讲课。而对于每周两次的硕士讨论班,导师不仅每课必到,而且其重视和投入程度是十分惊人的。他总是十分专注地听取各个学生的讲解,并不断地有针对性地提出相关问题,要求学生作出回答,不得到满意的解答从不罢休,因而使得本来两小时的讨论课往往一上就是至少三个小时。导师的这一较真精神,使得每一个学生从来不敢懈怠,不提前两三周认真准备文献,往往是过不了关的。为此,讨论班也使得学生们既紧张又兴奋,当然收获也是最大的。

大约到了研一下半年,我突然对北美精算师认证考试非常感兴趣,就买了相关资料来考,通过一段时间的学习,渐渐对里面的金融数学知识产生了浓厚的兴趣,由于考研时的专业课就是概率论与数理统计,所以学起来并不是太难。随着学习的深入,一个大胆的想法浮现在我的脑海里,就是想做一些精算方面的研究,但是感觉自信心不是很强,因为导师的方向是混沌控制,运用的是常微分方程的理论,而做精算研究,使用的是概率、随机过程、精算数学等知识,有一些内容是以前从没有学过的,所以比较担心自己写不出论文来,又怕自己到时候毕不了业。在做了一番思想斗争之后,我就把这个想法告诉了导师,导师听后非常支持我,并介绍我到同济大学理学院跟随姜礼尚教授学习期权定价的数学模型和方法这门课,就这样听了一个学期的课,收获颇丰。

记得在做论文的时候,遇到了许多困难,一些自己的想法证明推理总是过不去,心里不免产生了悲观情绪,正是由于导师的不断鼓励,我才得以坚持下来。每天都到图书馆查阅资料,有一些本校没有的资料就向外校的同学借。另外,导师定期检查我的论文进度,每一次都让我给他详细地讲解,然后他再提一些问题和建议,并且每次都会问,你现在所做的与前人做的有什么不同,创新在哪里等。正是导师的严格要求,我才得以完成论文的写作,并且我发表的论文还被美国 *Mathematical Reviews* 所收录。当我顺利从答辩讲台上走下来的时候,当时的激动心情是无法用语言来表达的,因为这里面包含了自己太多的辛勤汗水和导师的殷切期望。

临近毕业的时候,我又到了导师家一次,这次跟他谈了很多。当谈到求学经历的时候,导师跟我说了他的经历。原来,导师本科学的是物理专业,研究生学的是数学专业,跨度也是相当大的,所以后来导师最擅长的是做交叉学科的研究。他以自己的经历来告诫我,做学问不要怕吃苦,趁着年轻要多学一些知识,对将来做科研是很有帮助的,这也是他为什么支持我做精算方面论文的原因。临走的时候,我跟导师拍了一张合影留作纪念。站在导师的身边,看着他两鬓渐增的白发,我的眼睛湿润了。

上海浦东陆家嘴留影

个人简介

姓名:于文广,1977 年 11 月生,山东日照人。

主要经历:

2001 年—2004 年,在上海大学应用数学专业攻读动力系统方向的硕士学位。

2004 年—2005 年,中信银行济南市计划财务部主管。

2005 年—2006 年,山东经济学院统计与数学学院任教。

2006 年—2010 年,山东经济学院统计与数学学院讲师。

2010 年—2011 年,山东经济学院统计与数学学院破格副教授。

2011 年至今,山东财经大学保险学院副教授。

2010 年至今,在山东大学数学学院金融数学与金融工程专业攻读金融数学方向博士学位。

主要业绩:主持 1 项教育部人文社会科学青年基金项目,主持 1 项济南市哲学社会科学基金项目,主持 2 项山东省统计科研重点课题,发表论文 30 余篇。

主要研究兴趣:随机控制及其应用,G 期望理论及其应用,金融数学。

联系电话:15254165648;(0531)88596135

电子邮箱:yuwg@sdufe.edu.cn

通讯地址:山东省济南市市中区舜耕路 40 号山东财经大学(舜耕校区)保险学院 250014

我在上大读研究生的美好往事

郭荣伟

　　转眼间,从2004年毕业至今已经过去了8年,刘老师70大寿纪念的机会,促使我认真回忆起那段在上海大学(以下简称"上大")学习和生活的难忘岁月,想起了在上大一起学习的同学,更想起了聆听刘老师教诲的美好时光。在上大的三年学习生活深深地影响了我的人生发展轨迹,使我找到了自己的方向,并且坚定了走科研教学这条路的决心。可以说,上大的三年经历彻底地改变了我的人生规划。

　　2001年,我很荣幸地考上了上大理学院数学系的研究生,导师是黄德斌教授。开学后不久,我们就开始上专业课了。我记得有一门课是动力系统基础,授课老师就是刘曾荣教授。听黄老师说,刘老师是其博士指导老师,算起来,刘老师就是我的祖师爷了。到现在,我依然记得第一次听刘老师上课的情景,刘老师洪亮的声音响遍整个教室,对内容的熟悉程度超出了我的想象,使我觉得过去对微分方程的知识理解得真是过于肤浅了,真有一种听君一席话胜读十年书的感觉。很快,那个学期就愉快地过去了。自从听了刘老师的课以后,我就慢慢地了解了动力系统,进一步地了解了混沌,乃至后来我做的混沌系统的控制与同步。在此期间,我还参加了刘老师组织的讨论课,接触了小世界网络,当时没什么感觉,后来在读博士期间和同学聊起来的时候,发现这个世界还真是很小,特别是做动力系统的这个科研圈子。转眼间到了2002年下半年,当时在赵德勤的影响下对混沌控制和同步产生了兴趣,开始学习一些这方面的知识。我渐渐地觉得要想搞好混沌控制和同步,首先要学好控制,因此我开始学习控制理论方面的知识。在2003年报考

云台山留影

博士前,一次偶然的机会,听刘老师说中科院的程代展教授是控制理论方面的专家,我因此就报考了程教授的博士。虽然当年(2004年)博士没有考上,但是这让我找到了努力的方向。后来,程教授建议我到山东大学跟着王玉振教授学习控制理论,特别是切换系统的稳定分析与控制设计。2007年,我如愿

地考上了山东大学的博士,并在 2011 年拿到了博士学位。这似乎和刘老师无关,但正是刘老师的一句话惊醒了我这个梦中人,使得我找到了努力的方向,并实现了自己的初步理想。

在刘老师的 70 大寿之际,我再次对刘老师对我在上大学习期间的指导表示感谢!并衷心地祝愿刘老师寿比南山,全家幸福。

我很荣幸地能趁刘老师 70 大寿的机会找到各位学术界的长辈和同学,希望大家能多给我一些指导。

个人简介

姓名:郭荣伟,1979 年 10 月生,山东济南人。

主要经历:

2001 年—2004 年,在上海大学系统分析与集成专业攻读动力系统方向硕士学位。

2007 年—2011 年,在山东大学控制理论与控制工程专业攻读切换系统方向博士学位。

2004 年至今,在山东轻工业学院理学院信息与计算科学系任教。

2012 年至今,在山东大学计算机科学与技术学院做博士后研究工作。

主要业绩:主持 1 项山东省统计重点课题基金项目研究,发表论文 20 余篇。

2007 年十三陵留影

主要研究兴趣:动力系统分叉混沌及控制,切换系统的稳定分析和控制设计。

联系电话:13173006561

电子邮箱:rwguo@ mail. sdu. edu. cn

通讯地址:山东省济南市长清区大学路 3501 号理学院　250353

贺刘曾荣教授70华诞

黄 睿

　　我们尊敬的刘曾荣教授不觉已是70高龄,他的满头银丝掩盖不了他恢弘的气度,无穷的魅力。刘先生仍意气风发,胸怀斗志,胜似年轻人,实在是可喜可贺!刘先生高足辈出,桃李满天下。作为一个关门小徒弟,原是轮不到我多说什么的,我谨以此文表表我的感激之情和深深的敬意。

　　2005年我从上海交通大学毕业,报考上海大学数学系硕士研究生。开学时,却因原导师的出国使我转跟了刘先生,这真是天上掉下的一桩美事,因为我原先还不敢报考刘先生,怕门槛太高。

　　上海大学是个四季常青,终年鲜花盛开的美丽学校,上海大学的校长更是国内少有的伟大的科学家和教育家。上海大学宏伟的建筑,宽广的湖泊,优美的环境,令人心旷神怡,更因刘先生是位名闻国内外的大教授,因此我的三年硕士生活是十分幸福的。刘先生的优秀品质通过他的身教言传展现得淋漓尽致。在为人方面,刘先生从不疾言厉色,他真诚待人,性情善良;但在治学方面却十分严谨,一丝不苟,体现出一位大科学家的优良品性。

　　他的课深入浅出,有时看似一段常识性的浅显表述却引出了一个深刻的结论,开辟出一个前所未有的研究领域,实在是令人拍案叫绝,衷心佩服。

萨尔斯堡留影

　　刘曾荣教授原来是学物理的,后来竟成了应用数学大家,再后来竟涉及到计算机、力学、生物等多个领域,实在是个天才人物。刘先生也为上海大学数学系的发展作出了巨大贡献。由他引进的人才是很多的,他们为上海大学数学系的进步壮大立了大功。

　　愿刘曾荣教授老当益壮,继续为上海大学的学术事业作贡献,最后祝刘先生健康长寿。

海德堡留影

布拉格留影

个人简介

姓名：黄謇，1983 年 1 月生。

主要经历：

2001 年 9 月—2005 年 7 月，在上海交通大学自动化试点班攻读学士学位。

2005 年 9 月—2008 年 6 月，在上海大学系统分析与集成专业攻读硕士学位。

2008 年 7 月至今，在德勤华永会计师事务所上海分所工作。

电子邮箱：selfnight9094@163.com

感谢师恩

叶志成

在刘老师门下读研已有两年,借恩师 70 华诞之际,我真诚地感谢刘老师这几年的指导与关怀。

能成为刘老师的研究生,说来也是缘分。记得三年前,我还是上海大学自强学院(现更名为钱伟长学院)的本科生。分专业之前,刘老师曾受自强学院邀请给我们做过一场报告,主要内容是关于当下比较热门的系统生物学。这场报告给我留下深刻的印象,我对生物的数学建模方法有了大概的了解。由于我本人喜欢数学,当时正打算分流到数学系,自强学院常务副院长顾传青教授就极力推荐我报本硕连读班读刘老师的研究生,就这样我顺利成为刘老师的硕士研究生之一。

因为是本硕连读,在正式成为研究生之前,我们有一年时间上接口课程。所有接口课都是刘老师亲自为我们选的,有关于生物的、通信的,当然主要还是数学的。不上课的时候,我们会去研究所里参加讨论班。经过一段时间的接触与适应,我对刘老师的研究工作有了初步了解,这也正是刘老师经常教导我的,做应用数学一定要学得多、懂得多,各个领域知识都能有所了解,才会有自己的想法,不能局限在一门学科中。讨论班中刘老师总是提一个词:idea,他告诉我们一定要有自己的想法无论汇报的是哪方面的文章,刘老师总能迅速提炼出文章的主旨和思想,然后提问我们,他就是这样不断地训练我们,教授我们做学问的方法,我相信这样的训练会使我受用终生的。

通过与刘老师几年的相处,我发现在做学问方面,无论是对人还是对己,他都是一位严师;而在生活中,他是一位可亲可敬的长者。刘老师每周都会询问我们的工作进展,听我们汇报工作情况并且给出建议和指导。对存在的问题,刘老师总会一针见血地指出,解决的方法总是有独到之处。而平时,刘老师会很和蔼,跟我们开开玩笑,请我们吃饭或者出去玩,关心我们的学习、生活,这让我们感到很温暖,尤其是像我这样从外地来上海读书的,更有家的感觉。最有趣儿的还要算刘老师跟我们聊他年轻时候的经历,我们就像听故事一样,但他那许多无奈的、

白鹤亮翅

难忘的经历恐怕是我们这辈人无法体会的。

　　我很感激这几年刘老师对我的指导和关怀,也很感谢各位师兄师姐对我的帮助。祝愿刘老师及师母身体健康,也祝各位师兄师姐工作顺利。

黄山留影

个人简介

姓名:叶志成,1989 年 3 月生,浙江义乌人。

主要经历:

2011 年至今,在上海大学应用数学专业攻读动力系统方向硕士学位。

主要研究兴趣:动力系统与复杂网络。

联系电话:15921167260

电子邮箱:zc. ye1989@ gmail. com

通讯地址:上海市上海大学数学系　200444

我眼中的刘老师

陈幼文

拜入刘老师门下已一年有余，能够师从这样一位对学术有独到见解的导师令我感到非常的幸运。

说到如何能成为刘老师的硕士生，却也有一番故事。

我的本科也是在上海大学读的，就读于一个叫"自强学院"的院系。这个学院是依着上大前任校长钱伟长老先生的办学思想创立的，着力于打破学科、师生间的大墙，以培养具有创新精神的综合型人才为目的而建立的教育教学实验性学院。当时，经过选拔的学生在自强学院接受大一大二两年的通识教育后，可选择自己中意的专业，转入相应学院继续学习，也就是说自强学院同时只有两届学生，而所接受的通识教育，使得我们对各个学科的基础知识都有所涉猎，拓展了我们的知识宽度。

在我大二的这一年，自强学院继续迈出了教育教学改革的新步伐——本硕连读。学院与上海大学9个研究所（实验室）达成协议——为了使有更高学术追求的本科生获得本硕连读资格，即在完成相关专业的基础课程后可提前进入研究生培养模式。由此，我与另一位同学便有幸拜入了刘老师门下。值得一提的是，这个本硕连读，专业直通的模式就是由刘老师的一个提议孕育而成的。刘老师注意到了自强学院通识教育的特点，这与他交叉学科研究的要求不谋而合，经过与学院的洽谈，本硕连读成为现实，同时又有8个研究所（实验室）向学院的本科生们伸出了橄榄枝。时至今日，已经先后有三届学生乘上了本硕连读的方舟，可以说，刘老师正是一位钱伟长教育思想的实践者和开拓者，这也与他对学术、科学研究的深刻理解密不可分。

确定能够本硕连读后，我们被刘老师召去了办公室，他用极其生动而又浅显易懂的语言为我们讲述了什么是做学术，我们即将

2009年墨尔本留影

桃李天下　群星璀璨

2011 年周庄留影

面对的学术问题又是什么,令我对即将开始的学术征程充满了期待。刘老师又为我们的本科课程制定了新的教学计划:有机化学、信息论、基因工程、随机过程、热力学与统计物理……这些横跨化学、通信、生物、数学、物理等学科的课程赫然出现在了我的课表上,再次印证了他"科学不分家"的思想。

正式踏入硕士生生涯后,刘老师给予了我们非常宽松自由的学术环境。上了年纪,他的身体也不十分好,而每周一次的讨论班却是丝毫不曾马虎,每周必到,严谨踏实,也让我体会到了一个研究者对学术应有的态度。刘老师非常重视科学思想,每周讨论班汇报过后,他总会把文献中的科学思想帮我们理顺,同时阐述他的质疑和迸发出的新观点。他不会对文章中的计算等细枝末节多做纠缠,"这些基础知识和数学工具该是你们自己学习的"他这样说道,"看文献最重要的就是要了解作者的科学思想。"重视思想、重视创新,刘老师独到的教育方式把我们禁锢在书本上的思维模式激励到了一个更自由、更广阔的空间。

人生七十古来稀,像刘老师如此高龄还耕耘在学术前线的学者已经少之又少。能搭上受刘老师培养的末班车是我的荣幸,希望自己在求学生涯中能够做出理想的学术成果,也祝敬爱的刘老师身体康健,寿比南山。

个人简介

姓名:陈幼文,1988 年 11 月生,上海人。

主要经历:

2010 年—2012 年,在上海大学应用数学专业攻读复杂系统方向硕士学位。

主要研究兴趣:复杂系统及应用。

联系电话:13524209492

电子邮箱:chenyouwen1988@ sina. com

通讯地址:上海市上大路 99 号上海大学理学院数学系　200444

这些年，难忘的记忆

王春红

第一次与导师接触是通过自强学院举办的东方学者论坛讲座。刘曾荣教授给学院学生作了关于航天航空动力系统方面的讲座。演讲中，刘老师整个人充满了活力，声音洪亮，热情地向同学们讲述了"大飞机"的历史与发展。所有同学都沉浸在刘老师一个多小时声情并茂的演讲中。讲座结束后，很多同学都赞叹：哇塞，太激情了，跟着他做课题，肯定很有劲。

通过钱伟长学院的本硕连读模式，我非常幸运地成为刘老师的硕士生，开始了研究生学习的旅途。

最初的一年，我还是大三的学生，刘老师主张以本科学习为主，简单参与研究生讨论班的活动，了解研究所的课题项目，并让博士生学长提点我开始阅读相关文献。一年后，大四的我开始了研究生课程的学习，每周参加讨论班，定期做文献汇报。每一次的讨论班都会像讲座一样，刘老师充满激情地讲述他的理解；而每一次的文献汇报更是让我得到很大的收获。讨论班上刘老师会对汇报不清楚的地方提问，有好几次，我都没有将文章关键的思想看懂，他就会从最初的问题开始一遍一遍的帮我梳理思路，最后发现很容易就可以得到清楚的结论。刘老师总是非常厉害地一层层解析复杂的逻辑，锐利地将问题最本质的东西从文中挖出来。刘老师就好像一座埋藏着财富的大山，每一次和他的交谈都会启发我对学习产生新的认识与想法，那种醍醐灌顶的感觉就像挖到了金子一样兴奋。

在研究中，刘老师经常强调"科学思想是最重要的"，要读懂一篇文章就一定要理清文章中讲述的科学思想，明白文章是在解决一个什么问题，文章思路上的亮点核心在哪里。经常是看了很久都还云里雾里的地方，在刘老师

2011 年周庄留影

抽丝剥茧地讲解之后,恍然大悟。他总是鼓励我们开阔视野,掌握多门学科的背景,在思考问题时能够触类旁通,举一反三。而在科研创作上,很小的点都不能放过,对不理解的地方要及时去补充相关知识。

能够作为刘老师的学生,跟随他研究学习是我最大的荣幸。作为学者,他精于学术,严谨科研;作为师者,他不吝才智,全心全意地辅导学生,考虑学生的发展与未来。借刘老师70华诞之机,衷心地感谢刘老师对我的栽培。祝刘老师福如东海,寿比南山!

2012 西安留影

个人简介

姓名:王春红,1990 年 10 月生,江苏盐城人。

主要经历:

2008 年—2012 年,在上海大学钱伟长学院攻读学士学位。

2012 年—2014 年,在上海大学系统生物研究所攻读应用数学硕士学位。

主要研究兴趣:复杂网络的建模、分析与动力学。

联系电话:15821070349

电子邮箱:wangchunhong1990@163.com

通讯地址:上海市上大路 99 号上海大学数学系   200444

2012 年西安木雕展览留影

我的爸爸

刘　婧*

老爸是出生于20世纪40年代的一代人。年轻时候从大城市上海被分配去物质相对贫乏的山西大同，经历了不少磨难。最终，他抓住了20世纪70年代末80年代初恢复高考的机遇，读了研究生，改变人生。读书引导成功，这句话在老爸身上完全得到了验证。

老爸35岁才读研究生，他在事业上很是拼搏。年幼记忆中的老爸爱看书，爱发呆。我有一个经验，就是老爸在想问题时绝不能去打扰他，否则往往是自讨苦吃。听妈妈和奶奶说老爸在思考问题时是非常专心的，有多次在街上因思考问题而撞到电线杆上去。

我是不折不扣的80后，在我的记忆中老爸是很爱我的。在我年幼时，尽管家中当时不富裕，老爸和妈妈几乎每周日都带我到合肥的逍遥津公园游玩，然后在合肥算很好的点心店买奶油蛋糕给我吃。后来到了苏州和上海，老爸有时会抽空带我去看电影，当然最爱的事情莫过于带着我吃遍各种美食，这也把我培养成了资深吃客。同时，爸爸从小教给我做人的道理。告诉我一个人不管处于怎样的环境中，都要有自尊心，不能自卑，每个人都可以通过努力来实现自己的愿望。

老爸是一个有责任心的男子汉。虽然他嘴上不说，在心中他知道自己应该为家庭和子女做什么。小时候，每年的寒暑假，绿皮火车就会把我和爸爸送去上海。带着天真的疑惑，我一直问自己为什么说着一口沪语的我们不能留在上海与我们的亲朋好友待在一起。却不知，爸爸一直为了这一目标努力着，直到1998年我们才回到了上海，对爸爸来说，为了这张回程车票，他奋斗了30年，从山西到安徽，再从安徽辗转去苏州，最终从苏州回到了上海。到了上海之后，为了我的前途，他和妈妈用当时一生的大部分积蓄资助我出国去澳大利亚深造。现在我成了家，做了财务，过上了幸福的生活。感谢老爸，为了我们全家的幸福，他一直努力着。

老爸对认准的事能坚持不懈地努力。他在55岁时下决心戒掉抽了30年的烟，从中年开始了数十年的专业和英语学习，每天忙碌着看文献、带学生以及和学生讨论问题。这种性格和品质使他能在快乐中度过近50年的工作时间。这种品质也影响了我，我想我也应当用这种精神来对待我的生活和工作。

一转眼，爸爸要70岁了。借此短文感谢爸爸这么多年对我爱护和培养。希望他身体健康，永远开心。

2012年8月25日于悉尼

* 本文作者为刘曾荣教授的女儿。

后 记

在这莲叶接天、荷花映日的时节，《难忘的记忆——庆祝刘曾荣教授70华诞暨从事科教工作50年纪念文集》编辑完成了。刘曾荣教授诞辰在即，文集的付梓更显得意义深远：不仅表现了各位作者对刘曾荣教授的崇高敬意和诚挚祝福，同时也是刘曾荣教授在科研教学上硕果累累、桃李满天下的最好见证。

自2012年3月，我们就开始了本书的征稿工作。为本书编辑出版工作的顺利开展，特成立编辑委员会，成员为田立新、周进、陈芳跃、杨凌、刘玉荣。值得高兴的是，我们很快得到了大家的积极回应和支持。迄2012年7月，我们共收到38位作者约25万字的45篇文稿和大量珍贵的照片。文稿的作者主要是刘曾荣教授各届学生，他们或是海内外知名的学者，或是先生门下受业年浅的弟子和初有建树的新人。虽然大家年龄、学术经历各不相同，但每个人都同样饱含真挚情感写下了自己的一份记忆。本书还收录了刘曾荣教授亲自撰写的几篇文章，介绍了他在几个主要领域的研究经历，这将为后辈提供深刻的启迪和难能可贵的经验。刘曾荣教授的女儿刘婧女士也饱含深情地写下了父亲对她的关爱的点点滴滴。

在统稿过程中，我们根据各篇文稿和照片的内容，将它们大致分为"峥嵘岁月，硕果累累"、"桃李天下，群星璀璨"两大部分。在"桃李天下，群星璀璨"这部分中，又细分为"博士篇"、"博士后篇"、"硕士篇"等栏目。在每个栏目中，我们基本按照入学时间先后排列各篇文章。

需要说明的是，本书的出版除了有各位作者的鼎力协助外，上海大学博士生闫芳同学为文章、照片的征集和统筹、苏州大学硕士生陶志锋同学为编辑工作也付出了辛勤的劳动。同时，本书的顺利出版还得到了江苏大学出版社顾正彤、张璐老师的支持和帮助。在此，一并向各位致以最诚挚的谢意。

本书编辑委员会
2012年8月

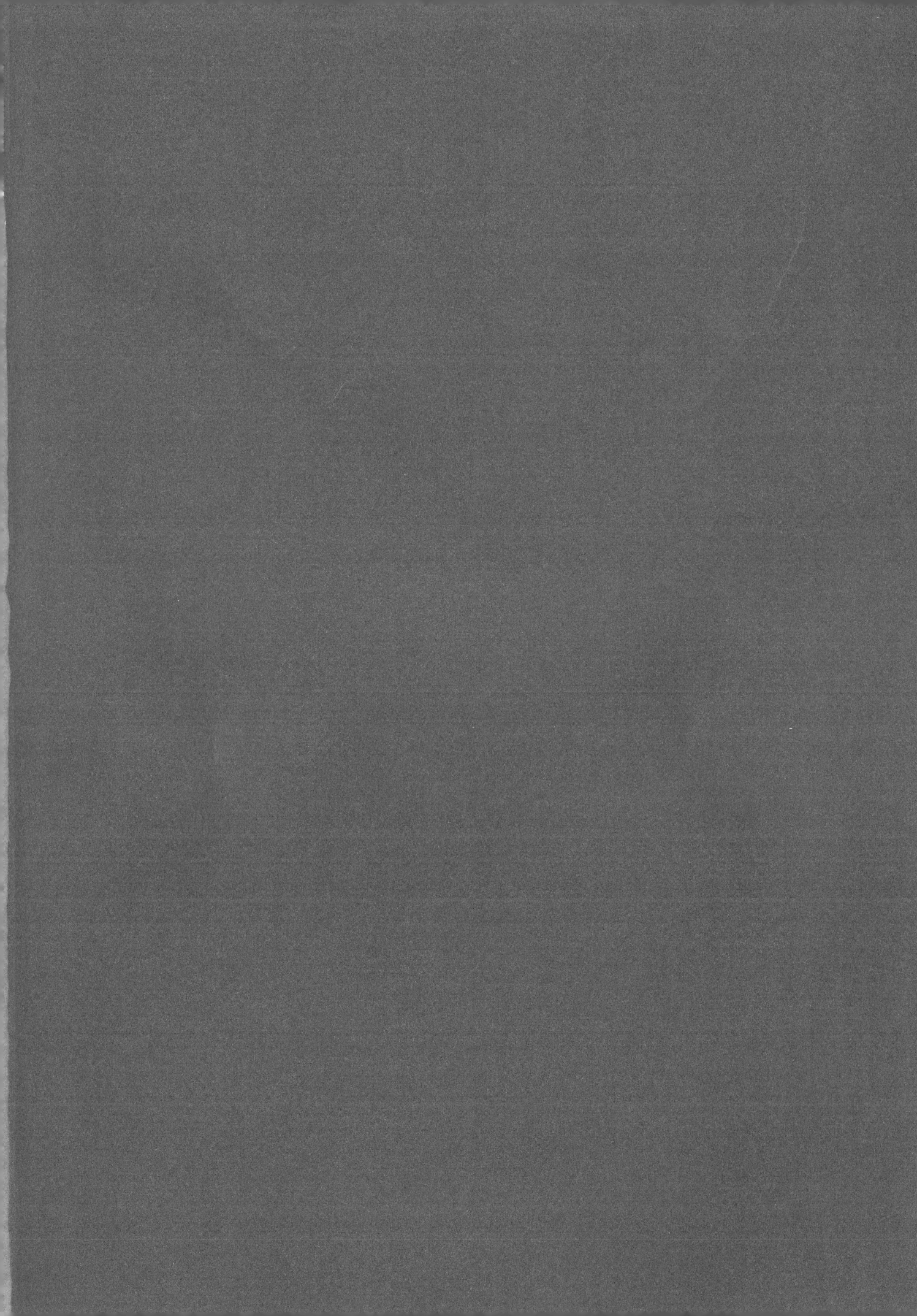